느린 학습자와 발맞춰 걷기

경계선 지능을
가진 아이들

느린 학습자와 발맞춰 걷기

경계선 지능을
가진 아이들

초판 1쇄 발행 2015년 12월 31일
개정판 1쇄 발행 2018년 12월 31일
개정판 20쇄 발행 2024년 4월 30일

지은이 박찬선 · 장세희
발행인 채종준

출판총괄 박능원
책임편집 조가연
디자인 김예리
마케팅 문선영 · 전예리
전자책 정담자리
국제업무 채보라

브랜드 이담북스
주소 경기도 파주시 회동길 230 (문발동)
투고문의 ksibook13@kstudy.com

발행처 한국학술정보(주)
출판신고 2003년 9월 25일 제406-2003-000012호
인쇄 북토리

ISBN 978-89-268-8643-4 03370

83
human
therapy

느린 학습자와 발맞춰 걷기

경계선 지능을 가진 아이들

박찬선 · 장세희 지음

이담
Books

상담을 시작하고 아이들을 만나기 시작한 순간부터 여러 해를 거듭할수록 경계선 지능을 가진 아이들을 지도하는 것은 만만치 않은 일이었습니다. 조금만, 아주 조금만 더 노력하면 또래 아이들처럼 잘 해낼 수 있는 일들이 많게 느껴져서 욕심을 내게 되었거든요. 그래서 짜증내고 힘들어하는 아이들에게 지금은 힘들어도 조금만 참으면 다른 친구들처럼 잘 할 수 있을 거라고 말하곤 했습니다. 그때 아이들은 자신을 이해해 주지 않는 어른들이 얼마나 야속했을까요. 참으로 힘들었을 테지요.

경계선 지능을 가진 아이들에 대한 교육은 오랫동안 교사와 부모, 특수교육·심리치료 전문가들에게 고민을 안겨 주었던 영역입니다. 경계선 지능을 가진 아이들은 지적장애, 학습장애, ADHD(주의력 결핍 및 과잉행동장애)와 관련된 장애로 생각되어 관련 치료를 받아야만 했고, 교육 현장에서도 어떻게 지도하면 좋을지에 대한 지침이나 교재 등의 부재로 어려움을 겪어 왔습니다. 최근 경계선 지능을 가진 아이들을 '천천히 배우고 성장하는 아이들'로 바라보기 시작하면서 관련 법안이 발의되기도 하였고, 몇몇의 교육지원청과 복지기관들은 이들을 위해 사업을 기획하고 예산을 편성하여 여러 특별한 프로그램들을 진행하고 있습니다. 그러나 아직은 높아진 관심을 따라가기에 경계선 지능을 가진 아이들에 대한 실제적이고도 효과적인 프로그램이 부족하고, 아이들을 이해해 줄 수 있는 지원체계도 견고하지 못합니다.

그리고 경계선 지능을 가진 아이들의 부모님과 어른들이 제일 걱정하는 아이들의 5년 후와 10년 후, 그리고 가정을 꾸리고 우리처럼 나이가 들어갈 때 어떻게 해주어야 할지에 대한 고민은 여전히 해결되지 못한 채로 남아 있습니다. 우리는 경계선 지능을 가진 아이들을 어떻게 키워야 할까요? 이 아이들은 커서 어떤 어른이 될까요? 어떻게 하면 우리 아이들이 자신이 원하는 일을 하고 즐기며 살아갈 수 있을까요?

경계선 지능을 가진 아이들도 다른 친구들처럼 공부를 잘하고 싶고 친구들과 잘 지내고 싶고, 늘 당당하게 지내고 싶어 합니다. 경계선 지능을 가진 아이들은 늘 친구들보다 몇십 배의 노력을 해야 했습니다. 이렇게 열심히 노력했는데도 결과는 제자리거나 더 낮게 나오는 경우가 부지기수였고, 그럴 때마다 포기하고 싶었을지도 모릅니다. 포기하지 않으면 경계선 지능을 가진 아이들은 자신이 가진 능력을 최대한으로 발휘할 수 있습니다. '경계선 지능'이라는 새로운 진단명 안에 아이들을 가두지 말고 다르다고 지나치게 주목하지도 말고, 서로 돕고 배려하면 조금은 느리지만 함께 재미있게 지낼 수 있는 순수한 아이들이라는 것을 이해했으면 좋겠습니다.

이 책은 경계선 지능을 가진 아이들에 대한 이해와 마음을 담아 구성했습니다. 부모님들과 선생님들, 현장 전문가들이 경계선 지능을 가진 아이들과 만나며 혼란을 겪을 때 도움이 되었으면 좋겠습니다. 무엇보다도 이 책이 경계선 지능을 가진 아이들이 잘 자라는 데 조금이나마 도움이 되기를 바라며, 앞으로도 저희 저자들은 꾸준히 경계선 지능을 가진 아이들의 미래에 대해 고민하고 노력하겠습니다.

2018년 12월
저자 박찬선 · 장세희

감사의 글

『경계선 지능을 가진 아이들』이 3년 만에 개정판으로 돌아오면서 이렇게 독자 분들에게 감사를 전할 수 있게 되어 기쁩니다.

저희는 2008년부터 한 해도 거르지 않고 경계선 지능을 가진 아동과 청소년들에게 관심을 갖는 부모님들과 학교 선생님들, 그리고 사회복지사와 많은 실무자들을 만나왔습니다. 때로는 강연을 통해, 때로는 사례 회의를 통해, 때로는 교사 연수회를 통해서 많은 분들을 만났습니다. 또한 학교와 지역아동센터에서 프로그램 진행을 하기 위해 경계선 지능을 가진 아이들을 수없이 만났고, 프로그램의 전 과정 속에서 많은 고민의 시간들을 가졌습니다.

이 책은 그 과정에서 얻은 살아 있는 지식과 고민들을 담은 것입니다. 오랜 시간 많은 분들을 만나왔지만, 저희가 현장에서 직접 경험하고 나눠온 지식들을 이 책을 통해 아직 만나지 못한 더 많은 분들에게 공유하고 싶습니다.

하지만 이 책이 완벽하다고는 말할 수 없습니다. 논란의 여지가 있는 부분이 있을 수 있고, 또 다른 의문점이 제기될 수 있는 부족한 점을 많이 가지고 있습니다. 저희는 부족한 점들이 낱낱이 드러나고 수없이 많은 새로운 질문들이 던져지기를 바랍니다. 그러한 질문들이 더 나은 해결책을 찾고, 더 좋은 교육환경을 만들 수 있도록 자극하는 큰 힘이 될 것이라 믿습니다.

2015년에 처음 이담북스를 통해 『경계선 지능을 가진 아이들』을 선보이게 되었을 때, 저희는 무척 조심스러웠습니다. 비록 발로 뛰고 가슴으로 고민한 것들을 나누고자 하는 소박한 마음으로 시작한 책이었으나 막상 세상에 나왔을 때 이 책이 과연 도움이 될 것인지 걱정이 되었고, 혹시라도 잘못된 길로 이끄는 안내서가 될까 두려웠습니다.

다행히 아쉬움이 많음에도 불구하고 많은 독자 분들에게 호평을 받았고, 유용하다는 평가를 해주셨습니다. 또한 책에 담지 못한 내용에 대한 질문들도 많이 받았습니다. 저자로서 바라고 바라던 피드백이었고, 한없이 독자 분들의 따뜻한 관심과 지적에 감사했습니다.

이제 2018년이 되어, 산뜻한 디자인으로 분위기를 새롭게 바꾸고 원고 일부를 다듬어 세상에 내놓게 되었습니다. 처음 개정판을 내려고 했을 때는 내용에 대한 보완을 더 많이 하고 싶다는 욕심을 갖기도 하였고, 기존 책에서 미처 다루지 못한 내용을 추가해 볼까 하는 생각도 했습니다. 하지만 이 책은 이대로의 매력과 아쉬움을 가지고 있는 편이 낫다고 생각하여, 내용에 대한 질타와 보완점에 대한 질문을 겸손한 마음으로 더 많이 수집하여 그것대로 새롭게 책을 만들어 보는 편이 낫겠다는 결론을 내리게 되었습니다. 앞으로 독자 여러분의 지적을 받아들여 새로운 내용으로 찾아뵐 수 있게 되기를 기대해 봅니다.

이 글은 2015년에 출판된 『경계선 지능을 가진 아이들』을 사랑해 주신 많은 독자 분들을 위한 감사의 글입니다. 동시에 부족한 글을 책으로 엮어준 이담북스에 대한 감사의 글이기도 합니다. 기존 책의 서문에서 책을 만들어 주신 분들에게 고마운 마음을 전하지 못했던 것이 두고두고 후회로 남았습니다. 책이 나오기까지 전 과정을 도와주시고 개정판 출판을 위해 애써 주신 조가연 님과 많은 분들에게 칭찬을 받았던 기존 책의 예쁜 표지를 만들어주신 디자이너 님에게 감사드립니다. 또한 개정판을 예쁘게 디자인해 주신 김예리 님에게도 감사를 전합니다.

언제나 세상에 조금이라도 쓸모 있는 사람이 되기를 바라며 살아왔습니다. 이 책도 그 쓸모로 인해 더 많은 사랑을 받았으면 좋겠습니다. 항상 고민하고 질문하면서 아이들이 더 행복하게 자라날 수 있는 밑거름을 만들겠다는 작은 약속을 독자 분들에게 보내며 글을 마칩니다.

2018년 개정판을 내면서
박찬선 · 장세희

1부   경계선 지능 알아보기

01   경계선 지능이란 무엇일까?

02   경계선 지능 아동의 성장과 발달 특성

경계선 지능 알아보기

01

경계선 지능이란 무엇일까?

경계선 지능 아동과 청소년은 인구의 약 12~14%로 추정된다. 이들은 학교생활에서 학습 및 또래관계, 규칙의 준수 등과 같은 적응의 어려움을 보일 뿐만 아니라 일상생활의 다양한 상황에서도 여러 가지 어려움을 겪는다. 특별한 지도와 배려가 필요한 대상임에도 그동안 큰 주목을 받지 못해 적절한 도움 역시 받지 못하고 있는 실정이다.

부모와 교사들은 이들을 볼 때마다 이들을 위해 무엇을 해야 하는지 고민하고 안타까워하지만, 마땅한 방법을 찾지 못해서 당황하고 힘들어하는 경우가 많다.

먼저 익숙하지 않은 '경계선 지능'이라는 용어를 이해하고, 이들을 위해 무엇을 해야 할지 알아보자.

경계선 지능이란?

🌱 경계선 지능의 뜻

경계선 지능은 현재 미국 정신장애 진단 및 통계편람(DSM-IV)에서 '경계선 지적 기능(Borderline Intellectual Function: BIF)'으로 분류한 것으로, 통상 '경계선 지능'으로 줄여서 부르고 있다. DSM-IV는 '경계선 지능(BIF)'을 표준화 지능검사를 실시했을 때 IQ 70~85 사이에 속하는 아동들로 정의하였다. 하지만 이는 이론적 분포를 토대로 한 것으로, 실제로는 IQ 70~79 사이의 지능을 나타내는 경우를 경계선 지적 수준이라고 해석한다 (K-WISC III 지침서, p.187).

이들은 학습장애나 정신지체가 아니며 ADHD(주의력 결핍 및 과잉행동장애)와는 다른 독특한 인지와 정서, 행동, 사회성 발달을 보이며 그동안 늦되는 아이, 답답한 아이, 공부를 못하는 아이, 눈치 없는 아이 등으로 불려졌다.

대부분 일반학교에 다니고 있지만, 성적이 낮고 눈치 없는 행동 등으로 인해 교사에게 자주 야단을 맞거나 친구들로부터 소외되고 따돌림을 당하는 등 적응의 어려움을 크게 겪는다.

간혹 이들에 대하여 '경계선 지적장애'라고 부르는 이들도 있지만, 경계선 지능을 가진 아동들은 분명 장애아가 아닌 일반 아동으로 분류된다.

이들은 장애 아동은 아니지만 교실에서 또래들과 견주어 수업을 따라가는 데 현저한 어려움을 보이기 때문에 종종 교사들이 특별 학급에서 공부하도록 권하기도 한다. 또한 또래관계를 형성하고 유지하는 데도 큰 어려움을 겪기 때문에 많은 관심을 가지고 보살펴야 한다.

경계선 지능의 분포

〈그림 1〉은 표준화된 지능검사의 정규 분포 곡선이다. 이 분포에서는 지능을 평균 100, 표준편차 15점으로 구분하고 있다. 이를 근거로 지능의 질적 수준을 구분해 보면 이론적으로 다음과 같이 해석할 수 있다.

IQ 130 이상: 최우수

IQ 120~129: 우수

IQ 110~119: 평균 상

IQ 90~109: 평균

IQ 80~89: 평균 하

IQ 70~79: 경계선 수준

IQ 69 미만: 매우 낮음

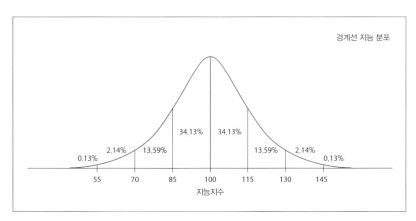

경계선 지능 분포

34.13% 34.13%

0.13% 2.14% 13.59% 13.59% 2.14% 0.13%

55   70   85   100   115   130   145

지능지수

〈그림 1〉 지능의 정규 분포 곡선

경계선 지능은 〈그림 1〉과 같이 지능 분포상에서 표준편차(15점 간격으로)를 중심으로 구분을 해볼 때 IQ 70~85 미만에 속한다. 이론적 정규 분포 곡선에 따르면 같은 연령의 약 13.5% 정도의 인구 분포를 보이는 것으로 나타났다. 그러나 실제로는 '평균 하' 정도의 지능지수임에도 불구하고 검사받을 당시의 심리적 상태나 환경조건에 의해 IQ 80~85 정도로 낮게 나오는 경우가 종종 있다. 따라서 엄격하게 보면 경계선 지능의 수준은 IQ 70~79 정도로 보는 것이 맞을 것이다.

그런데 경계선 지능의 특성에 대해 〈그림 1〉을 보면서 함께 생각해볼 만한 문제가 있다. 위의 정규 분포 곡선에서 IQ 79인 아동과 IQ 73인 아동을 예로 들어보자. IQ 79인 아동은 원래 IQ가 85 정도인데 79로 나온 것은 아닐까? 또는 IQ 79인 아동을 열심히 지도한다면 아동의 지능은 IQ 85 이상으로 향상될 수 있을까? 실제적인 면에서나 경험적인 면에서 모두 가능하다. IQ 79인 아동은 원래 IQ가 85였던 아동일 수도 있고, 때로는 열심히 학습하고 경험하여 85로 향상되는 것이 가능하다. 반대로 IQ 73인 아동을 그대로 방치하고 아무런 자극도 주지 않는다면 어떻게 될까? 아마도 지능이 IQ 69 이하로 떨어질 가능성이 매우 높다. 이러한 논의는 우리에게 많은 고민을 안겨 준다. 즉 경계선 지능을 가진 아동들을 열심히 지도한다면 평균 수준의 인지능력을 가질 수도 있지만, 어떤 경계선 지능(특히 낮은 수준의 경계선 지능)을 가진 아동들은 방치하면 지적장애 수준으로 인지능력이 떨어질 수도 있음을 시사하기 때문이다.

결국 경계선 지능은 평균보다 낮지만 지적장애보다는 높은 수준의 인지능력을 보이며, 이들은 노력 여하에 따라서 평균 수준의 성장이나 장애 수준으로의 퇴보가 모두 가능한 위치에 있다. 경계선 지능을 가진 아동과 청소년을 도와주는 것은 선택의 문제가 아니라 필수적인 문제라는 것을 알 수 있다.

경계선 지능 진단의 어려움

그간 경계선 지능을 가진 아동들은 부모, 교사, 심지어는 소아정신과 의사, 심리치료사, 언어치료사들에게 매우 혼란스러운 존재였다. 어릴 때에는 성장이 느려서 '발달지체'를 의심하게 하거나 다른 발달은 정상이더라도 언어발달만 유독 느려서 '언어발달지체' 혹은 '언어장애'로 오해받기도 한다. 또한 눈맞춤이나 대인관계 형성이 잘 안 된다는 인상을 주기도 해서 '자폐적 특성'을 지닌 것은 아닌지, 과잉행동은 없지만 어딘지 부주의한 구석이 있어 ADHD(주의력 결핍 및 과잉행동장애)는 아닌지 의심하게도 한다. 이들은 일찍부터 어떤 장애군이나 진단명으로 묶어 놓기에는 석연치 않아서 전문가들조차 꼬집어서 어떤 문제라고 집어내기가 어렵다.

그런데 이들은 부모와 전문가들의 걱정에도 불구하고 시간이 지나면서 조금씩 나름의 성장하는 모습을 보인다. 그렇기에 시간이 많이 흐르고 나서야 많은 부모들이 '아! 이 아이는 느리게 성장하는 아이, 느리게 배우는 아이로구나!'라고 깨닫게 된다.

경계선 지능의
특성

경계선 지능 아동들은 인지적, 정서적, 사회적으로 일반 아동들과는 다른 특성을 지니고 있다. 이러한 특성으로 인해 일상생활에서도 일반 아동과 다르게 보이는 행동들이 드러난다.

🌱 인지적 특성

- 주의집중의 어려움
- 저조한 기억능력
- 복잡한 인지과제에 대한 부담감
- 개념 학습과 추상적 사고의 어려움
- 전략적인 문제해결력 부족

주의집중의 어려움

경계선 지능 아동들의 주의집중시간은 비교적 짧다. 물론 자신이 좋아하는 과제나 활동에 대한 주의집중시간은 일반 아동들만큼 길 수도 있지만, 보통의 경우에는 일반 아동에 비해 주의집중을 유지하는 시간이 짧아서 쉽게 과제에서 이탈하곤 한다. 교실 내 수업에서도 교사의 설명에 오랫동안 귀기울이고 앉아 있지 못한다. 그러나 경계선 지능 아동들도 친숙한 과제이거나 흥미로운 경우에는 자신의 능력보다 훨씬 더 긴 시간을 집중할 수 있다. 반대로 과제가 어렵다고 느껴지거나 자신의 능력으로 해내기 어렵다고 느끼는 경우에는 쉽게 주의가 산만해지고 과제를 어떻게 해낼지 생각조차 하지 않으려고 한다.

저조한 기억능력

경계선 지능 아동들은 기억능력도 일반 아동에 비해 저조한 편이다. 일반 아동에 비해 한 번에 기억할 수 있는 용량이 부족한 것일 수도 있지만, 전반적으로 주의력이 부족하여 과제를 보다 명확하게 탐색하는 데 어려움이 있다. 그렇다 보니 명확하게 기억하지 못하고 대충대충 기억하게 되어, 나중에 상기시켜보려고 할 때도 잘 기억나지 않는 경우가 생길 수 있다. 또한 경계선 지능을 가지고 있는 아동들은 장기기억 속에 정보를 저장하여 필요할 때 인출하는 능력이 부족하기도 한데, 이는 정보를 오랫동안 기억하기 위해 사용하는 기억책략의 부족에서 비롯되기도 한다. 기억책략은 보다 많은 정보를 더 오래 기억하기 위해 의도적으로 사용하는 노력인데, 다양한 기억책략을 가지고 과제에 적절하게 사용할수록 효과적이다. 그러나 경계선 지능을 가진 아동들은 다양한 기억책략을 갖고 있지 않아서 상황에 적절한 기억책략을 사용하는 데 어려움을 겪는다. 경계선 지능 아동들은 한 번에 기억할 수 있는 양도 일반 아동에 비해 부족하고, 오래 기억하기 위해 책략을 사용하는 능력 또한 부족하다.

복잡한 인지과제에 대한 부담감

경계선 지능을 가진 아동들은 복잡한 생각을 싫어한다. 조금이라도 복합한 과제가 주어지면 의욕을 상실하고 쉽게 위축되어 자신이 그 과제를 해결할 수 있다는 자신감을 상실한다. 복잡해 보이는 과제는 경계선 지능을 가진 아동들에게 큰 부담감을 안겨 주며, 쉽게 넘을 수 없는 큰 산처럼 생각하게 만든다. 이들은 복잡한 인지적 조작에 대한 부담감을 크게 느끼며, 부담스러운 상황에서는 특히 더 산만한 행동을 많이 보인다.

개념 학습과 추상적 사고의 어려움

경계선 지능을 가진 아동들은 개념적이거나 추상적인 사고에서 어려움을 보인다. 개념적 사고는 여러 가지 사물들 간의 관계를 이해하고 유사점과 차이점을 구분하게 해준다. 보통 학습하는 과정에서는 이미 알고 있는 지식과 새로운 정보를 연결하여 이해하는 과정이 요구된다. 이러한 과정에서 필요한 것이 바로 개념적 사고이다. 그런데 경계선 지능을 가진 아동들은 이러한 개념적 이해과정에서 큰 어려움을 느낀다. 새로운 지식을 습득할 때 개념적 사고를 자발적으로 사용하지 못하기 때문에 이를 돕기 위해 교사가 쉽게 풀어서 설명을 해야 한다. 이들은 새로운 지식을 습득하는 데 시간이 오래 걸리며, 자기 스스로 학습하기보다는 누군가가 옆에 앉아서 쉽게 설명해줄 때 더 쉽게 학습이 이루어진다. 또한 추상적인 사고의 어려움을 보이는 경계선 지능 아동들을 위해서 교사나 부모가 학습할 내용과 관련된 구체적인 설명이나 사례, 실물 등을 제공해야 한다. 왜냐하면 경계선 지능을 가진 아동들은 말로만 추상적으로 설명하면, 제대로 이해하는 데 어려움을 겪기 때문이다.

전략적인 문제해결력 부족

경계선 지능을 가진 아동들은 전략적인 사고를 하는 것에도 어려움을 보인다. 보통 전략적인 사고는 보드게임을 하거나 친구들과 놀이를 할 때, 학습에서 문제 해결을 해야 하는 상황에서 요구되는 능력이다. 중요한 것이 무엇인지, 어떤 순서로 문제를 해결할 것인지, 어떤 결과가 발생할 것인지를 미리 생각하여 자신에게 좋은 결과를 얻을 수 있는 방법을 사용하는 능력이 바로 전략적인 사고이다. 그런데 경계선 지능을 가진 아동들은 주의의 폭이 좁고, 복잡한 사고에 대한 부담감이 크다 보니 상황에 적절한 전략을 세우는 데 어려움을 겪는다. 또한 기존에 자신이 사용했던 방법을 버리고 새롭고 효과적인 방법을 찾는 것에도 큰 어려움을 느낀다.

♥ 정서적 특성

- 아이와 같은 순수함
- 고집을 잘 부림
- 잘 토라지고 서운한 마음을 쉽게 느낌
- 쉽게 용서하기도 함
- 의존적임
- 이성에 대한 관심이 일찍 나타나기도 함
- 참을성이 부족하여 충동성이 있음
- 스트레스 발생 시 의존욕구 증가

미숙한 정서적 욕구

경계선 지능을 가진 아동들의 정서적 특징은 어린아이와 같다는 것이다. 이들은 어린 동생들의 정서처럼 다소 의존적이고 관심받고 사랑받고자 하는 욕구가 크다. 이들에게 가장 중요한 욕구는 의존욕구, 애정욕구, 관심욕구이다. 이러한 욕구를 충족시키는 과정이 이들의 자존감과 학습에 대한 동기를 높이는 데 중요한 요소가 된다.

위축

이들은 야단을 맞거나 평가의 대상이 될 때 심히 위축되고 주눅이 든다. 단순한 조언에 대해서도 혼났다고 인식하기도 한다. 또한 동생이나 또래들과 비교되거나 부모와 교사가 다른 아이들만 칭찬할 때 쉽게 서운해 하면서 토라지기도 한다.

다른 사람들을 쉽게 수용하고 이해하는 태도

비교적 단순하고 어린 아이와 같은 순수함이 있어서 고집을 부리기도 하지만 쉽게 상대방을 용서하고 언제 그랬냐는 듯이 즐겁게 지내기도 한다. 어떻게 보면 속이 없어 보이는 이들의 정서적 수용성은 타인에 대한 긍정적 태도이면서 너그러운 마음씨로 볼 수도 있겠다.

우울감

경계선 지능을 가진 아동들 중 많은 경우에서 우울감이 발견된다. 이는 인지적 한계보다는 오히려 환경적 피드백과 낮은 자존감에서 비롯되는 것으로 보아야 한다. 이들이 우울한 이유는 잘하고 싶은 마음이 간절함에도 불구하고 학습에서 좋은 결과를 얻지 못하고 주변에서 놀리거나 무능하다고 비판하기 때문이다. 직접적으로 인지능력에서 비롯되는 우울감이라기보다는 낮은 인지능력에 대한 주변의 부정적인 시각을 스스로 자각함으로써 우울한 마음을 가지게 되는 것이다.

공격성

경계선 지능 아동들은 자주 공격적 태도를 보인다. 이는 이들의 고유한 특성이기보다는 낮은 자존감과 방어적 태도에서 비롯된다고 볼 수 있다. 경계선 지능 아동들은 일반 아동들에 비해 부정적인 평가나 비난을 자주 접하게 된다. 자신들의 좋은 의도와 노력이 인정받지 못하게 되면 속상하고 억울한 마음이 생기게 되어 공격적인 말투와 행동이 나타난다.

충동성

충동성은 이들의 인지적 한계와 직접적으로 관계가 있다. 주변에 대한 정확한 인식이 어렵고, 상황마다 적절한 행동을 어떻게 해야 할지를 결정하는 데 어려움을 겪기 때문에, 익숙하지 않은 상황을 접하거나 빠르게 일 처리를 해야 하는 상황이 되면 당황하여 침착함을 잃고 허둥대거나 급한 판단을 내리곤 한다. 이들은 마땅히 전후관계를 따져 보고 어떤 결과가 나올지 예측해야 하는 상황임에도 이를 체계적으로 해내기 어렵기 때문에 상황에 적절하지 않은 행동을 하거나 충동적인 판단을 자주 내리게 된다. 그러나 친숙한 상황에서나 익숙한 과제에 대해서는 충동성이 낮아지고 비교적 침착하고 합리적인 행동을 하는 것이 가능하고, 미리 대비했던 상황이라면 충동적 행동이 줄어들 수 있다.

경계선 지능을 가진 아동과 청소년들은 정서적인 측면에서 많은 한계를 보이는 것이 사실이다. 이들이 성장하여 겪게 될 성인기 사회생활에서는 인지적 요인보다는 성격이나 정서적 태도, 충동성, 자존감 등이 더 중요한 요인이 될 수 있다. 그러므로 이들의 정서적 한계를 극복할 수 있는 방안에 대한 모색이 필요하다.

✽ 의사소통 및 사회적 특성

- 언어이해능력에 비해 언어표현력이 지나치게 낮음
- 자신의 의사를 표현하기 위해 의사소통능력을 제대로 발휘하기 어려움
- 다른 사람과 관계를 맺기 위해 먼저 말을 걸기 어려움
- 또래에게 지나치게 성급하게 행동반응을 하는 경향이 있음
- 사회적 기술이 부족함
- 사회적 감수성(눈치)이 없음
- 상황 판단에 대한 이해가 느림
- 사회적 문제해결력이 부족함
- 다른 사람을 돕는 것을 좋아함

어휘력 부족

경계선 지능을 가진 아동들은 기억력이 또래보다 부족하고 주의력 또한 약한 편이다. 이러한 특성들은 이들이 성장할 때 주변에서 받아들여야 할 수많은 어휘를 학습하는 것을 어렵게 만든다. 경계선 지능을 보이는 많은 아동과 청소년들은 언어발달이 빠르게 이루어지는 유아기 때부터 지속적으로 어휘학습이 또래에 비해 부진하게 이루어진다. 이러한 한계점을 주변의 성인, 즉 부모나 교사가 눈치채지 못한 채 넘어감에 따라 이들은 자기 또래들이 마땅히 알아야 할 어휘조차 모른 채 성장을 하게 되어 초등학교 고학년임에도 불구하고 너무 쉬운 일상 단어조차 모르는 경우가 생길 수 있다. 실제로 저자가 만난 6학년 경계선 지능 여학생은 "간판이 무엇인가요?"라고 물어서 놀란 적이 있다.

언어표현력의 부족

이들은 언어이해력에 비해 언어표현력이 상대적으로 낮은 경향을 보인다. 마땅히 자기 의사를 표현해야 하는 상황에서도 자기주장을 못하고, 상대방이 실컷 설명을 한 뒤 의견을 물었을 때에도 자기 의견을 말로 표현하는 것을 어려워한다. 그래서 이들은 "몰라요"라는 말을 자주 한다. 자주 그렇게 답하는 이들을 보면서 교사나 부모들은 '의욕이 없는 아이', '불성실한 아이', '태도가 불량한 아이'라고 오해를 하는 경우가 많다. 그러나 경계선 지능 아동들은 자기 생각을 말로 표현하고 싶어도 어휘력과 조리 있게 자기를 표현하는 능력이 부족하여 그렇게 대답한다는 것을 이해할 필요가 있다.

부족한 눈치

대인관계에서 눈치는 사회적 단서에 대한 감수성이다. 상대방이 어떻게 생각하는지, 어떤 감정상태인지에 대해 빠르게 인식하고 적절하게 대응하는 것을 말한다. 그런데 경계선 지능을 가진 아이들은 대체로 눈치가 부족한 편이다. 일대일 상황이나 자주 만나는 사람에 대한 사회적 눈치는 비교적 나은 편이지만, 집단 속에서 여러 사람들에 대한 사회적 눈치는 많이 부족하여 상황을 파악하는 속도가 많이 늦다. 초등학교와 청소년 시기에는 눈치가 부족한 친구를 배려하는 학생들이 많지 않아 친구 사이에 끼지 못하고 외톨이가 되는 원인이 된다.

사회적 기술의 부족

친구들과 어울려 생활을 하기 위해서는 보이지 않는 집단 내 규칙을 이해하고 그 규칙에 맞게 행동해야 한다. 그러한 규칙을 이해하고 행동으로 옮길 줄 아는 능력을 '사회적 기술'이라고 한다. 예를 들면 지나치게 감정 적으로 행동하지 않기, 고집부리지 않기, 합의하에 게임이나 놀이하기, 이 기고 지는 과정에 승복하기, 양보하기, 서로 돕기 등이 중요한 사회적 기술 이다. 또한 집단에 들어가기 위해 양해를 구하거나 의견을 물어보는 것뿐 만 아니라 놀이를 제안하거나 친구들의 놀이에 끼고 싶다고 말하는 표현력 도 사회적 기술이다. 그러나 경계선 지능을 가진 아동들은 이러한 기술 전 반에 걸쳐 어려움을 보인다. 이들은 사회적 기술을 능숙하게 사용하는 데 어려움을 겪는다. 안타까운 것은 이들의 사회적 기술의 한계에도 불구하고 친구들과 어울리고 싶어 하는 마음이 매우 크다는 것이다. 그래도 다행히 사회적 기술은 친구들과 어울려보는 경험을 하면서 크게 향상될 수 있다. 그렇기 때문에 경계선 지능을 가진 아동들을 위한 특별한 사회성 훈련 프 로그램이 필요하다.

학습장애, 학습부진, 지적장애,
ADHD와는 어떻게 다를까?

경계선 지능은 단순히 '낮은 수준의 인지능력'으로 이해하는 것이 바람직하다. 교사나 부모들은 이들이 산만하게 행동한다고 생각하여 ADHD(주의력 결핍 및 과잉행동장애)가 아닌지 의심을 하기도 한다. 분명한 것은 경계선 지능은 학습장애, 학습부진, 지적장애, ADHD와는 다르다는 것이다.

- 학습장애: 신경정보처리과정상의 결함
- 학습부진: 평범한 지능을 가지고도 환경, 습관, 정서 등의 외적인 요인에 의해 학습의 잠재력을 발휘하고 있지 못한 경우
- 지적장애: 전반적인 인지능력이 떨어져서 학습, 일상생활 등에서 현격히 어려움을 나타내는 경우(-2 표준편차)
- ADHD: 기질적이거나 환경적인 이유로 인해 주의력, 충동성, 과잉행동의 문제를 보이는 경우
- 학습지진: 지능 발달이 늦고 학습 및 또래관계 형성의 어려움이 크게 눈에 띄는 경우로, 경계선 지능과 유사한 의미로 해석

❦ 학습장애와 다른 점

학습장애(Learning Disabilities: LD)는 지능이 정상 범주에 속하지만 읽기, 쓰기, 수학과 같은 특정 영역에서 학습의 어려움을 크게 보이는 아동들을 말한다. 즉 지능은 IQ 85 이상이지만 읽기 또는 쓰기, 수학 중 어느 특정 영역에서 자기 학년 수준보다 2학년 이상 낮은 수준을 보이는 경우이다. 실제로 4학년이지만 읽기 수준이 2학년 수준이면 학습장애로 생각해 볼 수 있다.

학습장애 아동들이 겪는 어려움은 기본적인 신경정보처리과정상의 어려움에서 비롯되는 것으로 알려져 있는데, 특히 언어의 이해와 사용과 관련된 정보처리과정의 결함을 선천적으로 가지고 있는 것으로 여겨진다(박찬주 외, 1998).

학습장애와 경계선 지능의 다른 점은 기본적으로 추상적 사고와 전반적인 이해력에서 찾을 수 있다. 학습장애 아동들은 보통 기본적인 문자 학습이나 수학적 연산의 학습에서는 큰 어려움을 보이지만 추상적인 이해나 논리적 이해 및 추리와 예측과 같은 고차원적 사고능력에서는 큰 어려움을 보이지 않는다. 저자가 실제로 만났던 준서(가명) 군은 단순한 문장 읽기는 어려워하면서도 책을 읽어주었을 때 그 내용이 앞으로 어떻게 전개될지를 예측하는 데는 큰 어려움을 보이지 않았다.

반면에 경계선 지능을 가진 아동들은 기본적으로 인지능력이 평균 이하의 수준을 나타내고 있어, 기본적인 정보처리과정(기억, 주의, 지각 등)의 어려움은 물론이고 추상적 사고나 논리적 사고에 큰 어려움을 느낀다. 따라서 경계선 지능은 낮은 지능으로 인해 모든 학습 영역에서 낮은 학습능력을 보이는 학습지진 아동의 특성을 보인다.

학습부진과 다른 점

학습부진(school underachievement)은 지능이 정상 수준이지만 또래에 비해 현저하게 낮은 학습능력을 보이는 경우를 말한다. 대개 환경적 결손이나 부적절한 양육방식으로 인해 학습 태도와 습관 형성이 잘 이루어지지 않은 경우에 나타나며, 정서적으로 지극히 불안한 가정에서도 학습부진이 발생할 수 있다(김영진, 2003).

학습부진은 지능이 정상 수준이라는 점에서는 학습장애와 비슷하지만, 학습장애처럼 뇌 기능이나 신경정보처리과정상의 어려움을 갖고 있지는 않다. 오히려 불우한 환경이나 불행한 가정환경에서 비롯되는 정서적 문제와 습관 형성이나 학습 지도 방식의 문제에서 비롯되는 행동적 문제가 원인인 경우가 대부분이다.

학습부진 아동들은 대개 학습에 대한 동기가 낮고 자신의 학습능력에 대한 기대감도 낮다. 그러한 심리적 문제는 지속적으로 학습에 대한 의욕을 떨어뜨리고 잘하겠다는 결심이나 마음을 갖지 못하게 만든다. 따라서 학습부진 아동들에게는 심리적 문제 해결을 위한 접근이나 바른 학습 태도와 습관을 형성하기 위한 도움이 필요하고, 적절한 도움이 주어졌을 때는 학습부진의 문제를 얼마든지 극복하는 것이 가능하다. 하지만 학습장애는 신경정보처리적 과정에 대한 특별한 접근이 요구되며, 경계선 지능은 낮은 인지능력을 향상시키기 위한 도움이 필요하다는 점에서 서로 다르다.

🌱 지적장애와 다른 점

지적장애(Intellectual Disability: ID)는 기본적으로 표준화된 지능검사 점수를 통해 확정이 되며, 평균보다 2 표준편차 미만(-2SD)에 속한다. 즉 또래보다 인지능력이 월등히 떨어지는 아동들을 의미한다. 이들은 일반 학생들과 함께 학습 지도를 받기 어렵고 함께 어울려 생활하는 데 큰 어려움을 보인다. 그래서 장애 아동으로 분류가 되며, 보통 특수학교나 일반학교의 특별 학급에 배치가 되는 경우가 많다.

이와 달리 경계선 지능을 가진 아동들은 장애 아동으로 분류되지 않으며, 지적장애 아동들이 특수학교나 특별 학급에 배치되는 것과 달리 일반 학급에 배치되어 생활하고 공부하는 것이 일반적이다. 그렇다고 해도 경계선 지능을 가진 아동들은 일반 학급에서 현저히 학습의 어려움을 보이며 또래들과 원활하게 관계를 유지하는 데 어려움을 겪는다. 이와 관련하여 1989년 미국의 맥밀런은 경계선 지능 아동들이 지적장애와는 다르기 때문에 특수교육 서비스를 제공받는 것은 부적절하지만 이들에게 필요한 도움을 어떻게 줄 수 있을지에 대한 고민이 필요하다고 문제를 제기했다.

🌱 ADHD와 다른 점

ADHD(Attention Deficit & Hyperactivity Disorder: ADHD)는 지속적으로 주의를 기울이는 능력이 부족하여 산만하고 과다활동, 충동성을 보이는 아동들을 가리킨다. 이들은 지나치게 활동적이어서 어느 한 가지 과제를 꾸준히 하는 데 어려움을 보이고 다른 사람들과의 의사소통 상황에서도 적절한 주의집중이 어려워 상대방의 이야기를 끝까지 듣지 못하는 경우가 많다. 이와 함께 대인관계의 어려움도 겪는다.

겉으로 보기에는 산만하고 주의집중력이 낮다는 점에서 경계선 지능과 ADHD가 유사한 것처럼 보일 수도 있으나, 기본적으로 ADHD는 경계선 지능처럼 지능이 낮은 것이 주된 원인이 아니고, 뇌 영상 촬영을 했을 때 정상인에 비해 활동과 주의집중을 조절하는 부위의 뇌 활성이 떨어지는 소견이 관찰되는 것으로 보아, 뇌의 기질적인 문제나 유전적 소인이 원인이 될 수 있다고 지적된다. 물론 ADHD의 다른 유형으로는 환경적 요인(학대, 방임, 부적절한 양육, 가정 불화 등)에 의해 나타나는 경우도 있다. 이러한 환경적 요인에 의해 발생한 ADHD라고 하더라도 경계선 지능과 같이 낮은 지적능력이 주요 원인은 아니다.

따라서 ADHD는 고유한 뇌 기질적 원인이나 환경적 요인에 의해 발생하는 주의력 부족과 산만함을 그 특징으로 하는 반면, 경계선 지능은 낮은 지능으로 인해 주의 산만함이 나타난다는 점에서 큰 차이가 있다.

경계선 지능의
원인

경계선 지능의 원인으로는 다양한 요인들이 있다. 그중에서 중요한 몇 가지 요인들을 살펴보면 다음과 같다.

- 출산 과정에서의 손상 및 질병
- 부모의 지능
- 가정환경

🌱 출산 과정에서의 손상 및 질병

근시와 약시, 난청 등은 직접적으로 지능 저하를 가져오지는 않지만 학습과 관련된 정보를 처리하는 과정에 지장을 줄 수 있다. 아주 어릴 때부터 근시나 약시, 난청으로 인해 학습하는 과정에서 큰 어려움을 겪었다면, 지적능력이 또래보다 다소 낮을 수 있다. 그뿐만 아니라 병약하거나, 코나 편

도선의 이상과 같은 질병으로 인해 주의력과 지속력에 어려움을 느끼고 지적 발달의 저하가 나타날 수도 있다. 또한 인공분만 등에 따른 출생 당시의 미세한 전두엽 손상 등도 과잉활동성과 주의력 부족, 충동억제력이 부족한 아동으로 성장하는 데 영향을 주고 나아가 지적능력 저하에도 크게 영향을 줄 수 있다(정종식, 2000).

부모의 지능

경계선 지능을 가진 아동들과 만나다 보면, 이들의 부모가 지적장애이거나 경계선 지능인 경우가 적지 않다. 따라서 부모의 지적능력이 유전학적으로 자녀의 지적능력에 영향을 주었을 가능성이 매우 크다고 볼 수 있다. 물론 부모의 낮은 지적능력이 교육적 환경에도 영향을 주어서 자녀들의 교육적 환경이 풍부하지 못했을 가능성이 크고, 그로 인해 자녀들의 지적능력이 잘 발달하지 못했을 수도 있다. 하지만 부모의 지적능력이 직간접적으로 자녀의 지적능력에 큰 영향을 주는 것은 분명하다.

가정환경

부모가 자녀의 교육에 무심하거나 방임을 한다면, 한창 자라나는 아동들의 지적 발달에 큰 타격을 주게 된다. 적절한 학습 습관이 형성되지 못하고 기초학력이 길러지기 어려우며, 학습에 대한 흥미조차 갖기 어렵게 된다. 대개 경제적 빈곤이나 가정불화가 심각한 가정의 부모들은 자신들의 심리적 문제가 크기 때문에 자녀의 성장과 발달에 무관심하거나 소홀한 경우가 많다. 특히 이러한 가정의 자녀들은 부모와 정서적 갈등 상태에 놓이거나 행동상 바른 습관이 형성되기도 어려워서 학습 문제뿐 아니라 예절이나 교우관계, 규칙 준수와 같은 도덕적 · 사회적 문제 행동을 일으키기도 한다.

부모가 자녀에게 무관심하거나 방임을 하는 가정에서 자라난 아동들은 태어났을 때는 정상적인 지능을 가지고 있었다고 하더라도 자라나면서 지적인 성장을 적절하게 하지 못하여 경계선 지능의 수준으로 낮아지는 경우가 매우 많다. 이들의 지능검사 결과는 선천적으로 경계선 지능인 아동들과는 다른 패턴을 보이지만, 결과적으로는 경계선 지능을 나타내게 되어, 학습과 학교 적응에 큰 어려움을 겪게 된다.

경계선 지능 아동의 지능은
향상될 수 있을까?

　그동안 경계선 지능이 정상 수준이 될 수 있냐는 질문을 수없이 들어왔다. 근심 어린 얼굴로 조심스럽게 질문하는 경계선 지능 아동 부모들에게 가능하다고 확실하게 답을 주고 싶지만, 그렇다고 해도 그 답을 쉽게 믿지 않을 것이다. 왜냐하면 많은 사람들이 지적능력은 타고나는 것이라고 믿고 있고 이는 바뀌지 않는 불변의 성질을 가지고 있다고 생각하는 경우가 많기 때문이다.

　하지만 많은 부모들에게 이야기하고 싶은 것은 지능의 어떤 부분은 '불변의 고정적 특징'을 가지고 있지만, 어떤 부분은 '변화가 충분히 가능한 특징'을 가지고 있다는 것이다. 아쉽게도 지능의 어떤 부분이 '불변'하는가에 대한 논의는 아직 끝나지 않았다.

　왜냐하면 경계선 지능 아동들의 지능검사 결과를 가만히 들여다보면 우리에게 희망을 주는 부분이 많기 때문이다. 경계선 지능을 가진 아동들의 특성을 연구했던 정희정 박사(2006)의 연구를 살펴보면 경계선 지능을 가진 아동들의 지능검사 결과는 모든 소검사 항목에서 10점을 평균 점수로 했을 때 모든 인지 영역에서 6~8점 사이로 골고루 낮은 분포를 보였다고 한다. 분명 평균보다는 모두 낮은 점수 분포이지만 훈련이나 노력에 의해 얼마든지 상향 발전할 수 있는 정도이다. 교육과 훈련이 적절하게 제공된다면 1~2점 정도의 소검사 점수의 향상은 얼마든지 가능하며, 그랬을 때 모든 인지 영역은 8~10점대로 분포하게 된다. 이는 분명 또래보다는 부족하지만 크게 뒤처지는 것도 아니다.

또한 아래 〈그림 2〉에서와 같이 가정환경의 요인에서 비롯되는 경계선 지능 아동들의 지능검사 결과를 보면 유난히 언어 영역의 소검사들이 낮다는 것을 알 수 있다. 이는 환경 자극이 충분했다면 얼마든지 상승되었을 점수들이다. 또한 경계선 지능을 가진 아동들의 지능검사 항목들 중에서 사회성과 관련된 소검사들이 유난히 낮은 점수를 나타낸다. 이 또한 후천적으로 경험이 부족하

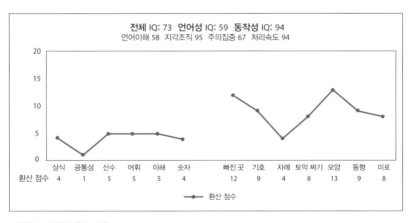

〈그림 2〉 경계선 지능 사례

고 사회적 대처의 경험이 적기 때문에 나타나는 결과이기도 하다. 따라서 이들이 취약한 언어 영역과 사회성 부분을 돕는다면 전반적인 지적능력의 향상은 물론이고, 일상생활에서의 대처에도 큰 발전이 있을 것이라고 믿는다.

경계선 지능을 가진 아동들의 부모와 교사들이 염려하는 부분은 무엇일까? 바로 이들이 정상 지능 아동처럼 되지 못할까봐 걱정하는 것이다. 이는 정상 지능지수를 가지지 못할 것을 걱정하는 것이 아니라 학교생활, 교우관계, 나아가 직업생활을 잘 해낼 것인지에 대해 걱정하는 것이다. 그렇다면 쉽지는 않지만 노력을 통해 경계선 지능을 어느 정도 극복할 수 있다고 답하고 싶다. 하지만 이에 대해 지능이 정상이 될 수 있는지 묻는다면 답을 하기 어렵다. 우리가 관심을 가져야 할 것은 지능지수라는 수치의 변화보다는 아동들이 겪는 부적응의 문제를 어떻게 극복할 것이고, 극복을 한다면 일반 학생들처럼 생활할 수 있는지에 관한 문제이다.

분명히 지적능력의 향상은 가능하다. 하지만 지적능력은 어린 시기에는 질적인 성장이 주를 이루지만 학년이 높아질수록 양적인 성장이 주가 된다. 즉 더 많은 정보와 지식을 습득하는 데 더욱 주력하게 된다는 것이다. 따라서 경계선 지능을 가진 아동들이 질적인 성장을 하더라도 양적인 면에서는 또래들보다 뒤처질 수 있다. 하지만 급하게 생각하지 않고 길게 인생을 내다보면 이 또한 불가능하다고 생각되지 않는다.

여기서 우리가 주목해야 할 것은 경계선 지능을 가진 아동들의 한계, 즉 느린 학습 속도를 인식해야 한다는 것이다. 느린 속도는 지적능력의 질적인 면과 양적인 면의 성장에 큰 어려움을 야기하지만 그들의 속도에 맞는 지도와 배려가 주어진다면 또래들과의 격차를 줄이는 것이 가능하다.

이들의 지적능력이 정상이 될 수 있는지 묻기보다는 이들의 특성에 맞는 배려와 지도를 한다면 어디까지 성장할 수 있는지를 물어야 한다. 만일 이들의 특성에 맞는 배려와 지도를 한다면 분명히 좋은 직장인, 훌륭한 이웃으로 성장할 수 있다고 확신한다. 물론 좋은 성적에 대한 기대는 버리는 것이 좋을 것이다. 우리 모두가 알고 있듯이 좋은 성적이 좋은 직장인이나 훌륭한 이웃이 되는 데 필수조건이 아니니 말이다.

경계선 지능 아동의
성장과 발달 특성

'우리 아이는 가족끼리 있을 때나 소수의 몇 명 속에 있을 때는 지극히 평범해 보이는데 왜 또래들 사이에만 있으면 느린 특성이 두드러질까? 과연 우리 아이는 평범해질 수 있을까? 평생을 이렇게 뒤처진 상태로 살게 되는 것은 아닐까? 내가 지나치게 예민한 걸까?' 경계선 지능 아동의 부모와 교사들은 가끔 이런 의문을 갖고 고민할 것이다. 영유아기의 경계선 지능 아동은 발달 지연이나 의사소통의 어려움이 크게 나타나며, 학령기에 경계선 지능을 가진 아동은 자기 학년에서 요구되는 학습 수준을 습득하지 못하고, 또래관계에서 소외되고 따돌림 당하는 사회적 부적응 문제를 겪고 있다. 성인이 되어서는 직업과 대인관계, 정서적 어려움을 많이 호소한다.

경계선 지능을 가진 아동이 겪고 있는 주요 문제로는 인지 기능의 결함, 사회인지 기능의 부족과 비효율성, 정서·행동문제, 사회성 부족 등이 있는데, 연령에 따라 보이는 발달적 특성과 이에 따른 어려움의 양상이 조금씩 다르게 나타난다.

경계선 지능을 가진 아동의 연령에 따른 발달적 특성과 특히 어려움을 겪는 영역에 대해 알아봄으로써, 정확하게 아이의 현재 상황을 파악하고 그에 따른 신속한 개입을 하는 것이 좋다.

영유아기 성장과
발달의 특성

경계선 지능을 가진 영유아는 명확히 진단을 내리기 어렵다. 영유아기 주의력의 발달 특성상 주의집중시간이 짧고 언어적 발달에 제한이 있기 때문에 명확한 심리검사를 하기에는 제약이 따르기 때문이다. 또한 아동기나 청소년기에 비해 변화 가능성이 크기 때문에 명확하게 진단을 내리는 데에는 오랜 숙고의 과정이 필요하다. 이렇게 영유아기에 진단을 내리는 것은 어려움이 따르기는 하지만, 영유아기의 발달적 특성을 조기에 진단하는 것은 아동이 가지고 있는 부족한 기능을 보완하는 데 결정적인 역할을 한다. 영유아기 시기에는 신체, 인지, 언어 기능의 중심이 되는 뇌 기능의 발달이 급격하게 이루어지기 때문에 조기에 어려움을 발견하여 개입하게 되면 이후 성장에 큰 도움을 주게 된다. 따라서 영유아기의 조기 진단과 개입은 매우 중요하다. 심리검사를 통해 진단을 내리는 것은 어느 정도 제약이 있긴 하지만, 경계선 지능 영유아가 보이는 발달적 특징을 중심으로 전조 증상을 살펴보면, 보다 명확하게 예측할 수 있을 것이다. 경계선 지능을 가진 영유아의 전조 증상들은 아래와 같다.

경계선 지능을 가진 영유아의 특성

- 던지기, 잡기, 점프, 걷기, 뛰기 등의 대근육 운동기술에서 어색함을 보인다.
- 단추 채우기, 지퍼 잠그기, 필기구 잡기, 가위질, 풀칠 등의 소근육 운동기술이 서투르다.
- 음성학적 인식, 변별, 청각적 차례 및 혼합 포함과 같은 청각 처리에 어려움을 보인다. 예를 들어, 교사나 부모가 부르고 지시를 하면 한 번에 정확하게 알아듣지 못하여 멍하게 있거나 엉뚱한 행동을 한다.
- 시각변별, 기억, 처리에 어려움을 겪는다. 이로 인해 정확하게 네모, 세모 등의 도형을 따라 그리는 데 어려움을 보이고, 미술활동을 할 때도 또래에 비해 형태를 알아보기 어렵게 표현한다.
- 타인의 언어이해, 자신의 생각과 감정 표현 혹은 의사소통에 어려움을 보인다.
- 부주의하여 과제에 집중하기 어렵고 쉽게 산만해지며 한 가지를 끝까지 지속하거나 심사숙고하지 못하고, 자신의 행동의 결과를 생각하기 전에 먼저 행동한다. 주의력과 집중력에 기복이 있다.

이외에도 경계선 지능을 가진 영유아는 어린이집이나 유치원에서 교사가 볼 때 까다로운 기질을 가지고 있어 편식이 심하고 예민하다고 평가할 수 있으며, 또래관계나 적응에 어려움을 보일 수 있다. 또한 애착에 문제가 있거나 언어발달이 늦어서 교사들의 주의가 많이 필요한 경우가 많다.

🌱 경계선 지능을 가진 영유아는
발달 지연 영유아와 어떻게 다른가?

경계선 지능을 가진 영유아는 전반적으로 발달이 더디고 다른 사람과의 의사소통이 원활하지 않기 때문에 발달 지연 영유아와 비슷하게 보이기도 한다. 감각 수용이 예민하기 때문에 식습관이 까다롭거나(냄새를 맡거나 같은 음식이라도 조금 다르게 요리하면 즉각적인 반응을 하는 등) 대소변 가리기가 또래보다 늦고 신체활동, 언어이해 및 표현 등에서 발달 지연 영유아처럼 또래보다 수행이 더딜 수 있다. 그런데 경계선 지능을 가진 영유아의 경우에는 눈맞춤이나 상호작용을 연습하면 빨리 습득하기도 하고, 반복학습의 성과가 좋은 경우가 많다.

🌱 경계선 지능을 가진 영유아는
애착장애 영유아와 어떻게 다른가?

경계선 지능을 가진 영유아는 갑작스레 화를 내기도 하고 혼자만의 놀이를 즐기거나 반복적인 놀이패턴을 보이기도 한다. 애착에 어려움이 나타나는 영유아의 경우에도 놀이나 상호작용, 그리고 언어적 발달이 더디다. 그래서 경계선 지능을 가진 영유아는 애착장애 영유아로 오인되기도 한다. 다른 어려움이 없이 순수하게 애착에만 어려움이 나타나는 경우에는 부모자녀 관계가 향상되고 부모와 자녀가 함께 놀이하는 방법을 배워 연습하면 언어적 능력이나 상호작용 기술이 빠르게 향상된다. 그러나 경계선 지능을 가진 영유아의 경우에는 부모와 자녀 간의 관계가 좋아지더

라도 다른 기능이 향상되는 속도가 애착장애 영유아보다는 느리고 발달
정도도 경미하다.

아동기(학령기) 성장과
발달의 특성

　경계선 지능을 가진 아동이 학령기에 보이는 가장 큰 특성은 전반적인 학교 학습의 어려움, 또래 간의 문제, 그리고 심리·정서적인 문제이다. 경계선 지능 아동은 지능검사 결과 학습장애와는 달리 모든 영역에서 하위 항목들이 낮고 편편한 분포를 보인다. 인지 기능이 경계선으로 발달되어 있기 때문에 읽기, 쓰기 등의 기초 학습 영역 습득에 오랜 시간이 걸리며, 눈치가 없어서 또래로부터 환영받지 못하는 경우가 많다. 경계선 지능을 가진 아동은 불안, 우울, 위축 등으로 인해 사회적 관계에서 부적응을 겪거나 또래와의 상호작용을 거의 시도하지 않고, 사회적 기술이 부족하다. 아래 경계선 지능을 가진 아동의 활동지를 보고 경계선 지능 아동의 문제점에 대해 좀 더 생각해 보도록 하자.

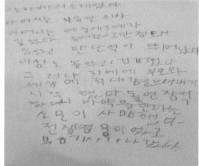

경계선 지능을 가진 아동의 활동지

위 그림의 글씨를 보면 줄 맞춰 쓰기, 띄어쓰기, 철자를 정확하게 쓰는 것에 어려움이 나타난다. 읽기, 쓰기, 수학 영역 등 전반적인 영역에서 어려움이 나타나 학급의 진도를 따라가기 어렵고 수업시간에 흥미를 못 느끼거나 내용을 이해하기 어려워서 멍하게 앉아 있는 경우가 많다.

✿ 경계선 지능을 가진 학령기 아동의 특성

- 지시를 되풀이해서 말해달라고 여러 번 요구한다.
- 청각 집중력이 떨어진다. 예를 들어 긴 이야기를 듣는데 다른 아이보다 더 많은 시간이 걸리고(집중을 못해 이야기가 자주 끊어져서), 짧은 이야기에만 집중력을 보인다.
- 수업시간에 빨리 착석하지 못하고 수업 준비를 재빠르게 하지 못한다.
- 시각-공간 조직에 어려움이 나타나며, 자르거나 색칠하기 같은 정교한 활동에 서투르다.

- 책을 읽을 때 단어나 줄을 빠뜨리거나 위치를 잊어버리고, 단어를 빼놓고 읽는 경우가 많다.
- 쉽게 지치고 산만해진다. 한 번에 하나씩 집중하지 못한다.
- 자신의 요구가 관철될 때까지 억지를 부리고 떼쓰는 모습을 보인다. 다른 사람의 설명을 들으려 하지 않고 고집을 부린다.
- 단체나 가족 활동에서 관계상 지켜야 하는 규칙을 이해하기 어려워하고, 또래 간의 타협하기, 협응하기, 다른 사람을 이해하는 것 등이 어렵다.
- 지시를 잘 이해하지 못하고, 잘 기억하지 못해 정보를 반복해서 주어야 한다.
- 다른 아이들을 방해한다.
- 친구나 어른과 대화하고 싶어 하지 않는 것처럼 보이며, 다른 사람과 관계 맺기를 어려워한다.
- 또래에 비해 미성숙하고 제한된 어휘를 사용하며, 심지어 자기 생각을 표현할 때 친숙한 단어도 잘 구사하지 못한다.
- 발음이 부정확하고, 자기 생각을 제대로 말하지 못한다.
- 말로 자기가 원하는 것을 표현하기, 부탁하기, 주문하기, 의견 말하기, 질문하기 등을 어려워한다.
- 단어와 문장을 왜곡한다. 자기가 하고 싶은 말만 한다.
- 기본 읽기, 쓰기, 셈하기 성취 수준이 저조하다. 교과서 읽기, 받아쓰기, 연산 등에 있어서 또래보다 성취가 낮아 보충학습이 필요하다.
- 눈치 없는 행동을 한다.
- 또래에게 인기가 없다.
- 학교 적응에 어려움이 나타난다.

청소년기 성장과
발달의 특성

경계선 지능을 가진 아동이 청소년기에 접어들면, 반복된 학업 실패로 인한 인지적 무능감과 부정적 자기효능감 및 자아개념이 가장 문제가 된다. 학습에 흥미를 느끼지 못하거나 성취가 기대에 미치지 못하여 좌절하는 아이들이 많고, 특히 집중력이나 충동성의 문제가 동반되는 경우에는 인터넷이나 게임 중독을 보이기도 한다.

또한 이 시기에는 우울감과 스트레스로 인하여 가슴이나 어깨가 아프거나, 사물이 겹쳐 보이거나 눈이 잘 안 보이는 등의 신체화 증상을 호소하기도 한다. 이로 인해 병원을 수시로 드나들게 되고 병원 진료 시에는 크게 문제로 드러나지 않아서 꾀병을 부리는 아이처럼 낙인찍히기도 한다. 가끔은 자살 충동을 느끼기도 하고 또래나 미래에 대한 환상이나 현실과는 동떨어진 지나친 갈망을 보이는 등의 문제가 두드러지면 망상, 환청 등이 나타나기도 한다.

성인기 성장과
발달의 특성

경계선 지능을 가진 아동이 성인기에 접어들게 되면 직업과 사회적 부적응이 가장 커다란 문제가 된다. 경계선 지능을 가진 아동은 청소년기에 학업과정을 안정적으로 성취하지 못하여 졸업을 하지 못하거나, 이후 대학진학을 하지 못하거나 직업교육을 받지 못하는 경우가 많다. 이로 인해 안정적인 경제활동을 할 수 없게 되어 경제적인 어려움에 처하게 된다. 주변에 믿고 이야기를 나눌 친구가 부족하고 사회·경제적 어려움이 지속되다 보면 타인에 대한 분노와 공격성이 표출될 수 있다. 따라서 타인의 신체나 재산에 피해를 입히거나 공격적인 행동으로 인하여 2차적 부적응 문제가 초래될 수 있다.

경계선 지능 아동을 위한 지도 TIP

– 다른 사람의 말을 여러 번 되묻지 않도록 청각적으로 주의깊게 듣고 기억하

는 능력을 길러주어야 한다. 부모와 교사, 또래들에게 귀찮게 물어본다는 피드백을 받으면 더 이상 묻지 않고 혼자만의 세계에 빠져들 수도 있다. 따라서 읽어 주는 글을 정확하게 듣고 답하기, 노래(동요나 간단한 가요) 가사를 듣고 단어가 몇 번 나왔는지 찾아내기(예: '곰 세 마리'에 곰이 몇 번 나왔는지), 단어들을 순서대로 불러주고 따라서 읽거나 외우는 연습 등을 함께해 보자.

‒ 시각적으로 중요한 부분을 빨리 찾아내고, 그에 따른 답을 말하거나 적는 연습을 해야 한다. 전체 배경과 핵심을 구별할 수 있어야 사회적인 자극을 빨리 변별하고 이에 따라 문제를 해결하는 능력이 길러질 수 있다. 숨은 그림 찾기, 틀린 그림 찾기, 현재 내가 있는 주변을 관찰하고 표현하기, 다른 사람이 설명하는 것을 찾아내기 등을 연습하면 좋다.

‒ 기본적인 언어적 이해 및 표현, 상식이 부족하므로 중학생이 알아야 하는 단어목록 등을 토대로 단어와 상식에 대해 이야기하고 적는 연습을 꾸준히 하면 좋다. 문장으로 단어를 소개하도록 지도하고, 길고 자세하게 설명할 수 있도록 격려해 주어야 한다.

03

경계선 지능은
어떻게 진단할까?

경계선 지능을 가진 아동을 위한 프로그램의 기본 목표는 초기 선별과 예방이라고 볼 수 있다. 경계선 지능의 징후가 없는 것은 아니지만, 명확하게 경계선 지능을 가진 아동이라고 이야기하거나 그 원인을 식별하는 것은 매우 어려운 일이다. 그럼에도 신체적 협응능력이 더디고, 조작능력이 서투르거나, 지체된 언어능력 등을 기초로 임상적 검사를 통해 명확하게 판명되어 조기 개입이 이루어진다면, 경계선 지능을 가진 아이들의 적응을 돕고 학습과정을 개선할 수 있다. 따라서 경계선 지능을 가진 아동의 선별 및 진단은 빠르면 빠를수록 좋다. 본 장에서는 경계선 지능을 가진 아동의 진단과정과 방법에 대해서 살펴보도록 하겠다.

진단과정

경계선 지능을 가진 아동의 진단과정은 초기 선별, 심리검사를 통한 확인 단계, 재확인 단계로 구분할 수 있다(Reddy., G, L., Ramar., R. & Kusuma., R, A, 2013).

초기 선별

초기 선별 시에는 부모나 교사가 아동을 주의깊게 관찰함으로써 선별할 수 있다.

– 관찰기법
– 교육적 평가(기초과목에서 아동의 성취 수준, 언어발달과 말하기 수준, 교육
  과정 이외의 다른 영역에서의 성취 수준, 교실 안팎에서 보이는 정서적 행동
  과 사회적 행동, 학교에 대한 흥미도와 태도, 특별히 참고할 만한 이전 학교
  에서의 이력, 학교에 대한 태도, 전학과 출결, 아동의 흥미와 배경지식, 부모
  의 관심과 도움 정도)
– 가족과 문화적 배경 내에서의 아동의 사회적 이력(출생상태, 인생의 중요한
  시점을 지나는 나이, 언어발달단계, 질병과 사고, 발달에서의 특이점)

심리검사를
통한 확인

초기 선별되어 경계선 지능으로 의심되는 아동은 신뢰성과 정확성을 위해 과학적 확인검사를 거쳐야 하는데, 과학적 확인검사로 등록되어 있는 표준화된 검사는 아래와 같다. 아래의 검사의 경우, 종합병원, 개인 신경정신과 또는 마음클리닉, 발달센터, 복지관 등에 문의해보고 실시할 수 있다.

– 스탠포드 비네 지능검사

– 웩슬러 지능검사

– 일반적으로 사용되고 있는 다른 지능검사

– 레이븐 지능검사

– 성격검사

– 심리측정과 심리학적 검사

– 의학적 검사

우리나라에서 가장 보편적으로 사용되는 검사는 웩슬러 지능검사라고 할 수 있으며, 지속적으로 시대의 흐름에 맞추어 수정되어 현장에서 사용되고 있다. 실제로 아동들에게 실시했던 검사 내용을 사례로 들어 자세히 알아보자.

Korean Wechsler Intelligence Scale for Children- 4th Edition(K-WISC-IV)

David Wechsler가 1939년에 제작한 개인용 지능검사로, 장애아 진단 검사가 아닌 보통 아이들의 능력, 강점, 약점을 보는 검사이다. 연령에 따라 성인용(WAIS-만 16세 이상), 아동용(WISC-만 6세~16세), 유아용(WPPSI-만 3세~7세 3개월)으로 구분되며, 인지적 측면뿐만 아니라 정서, 사회성, 도덕 발달, 동기 영역에 대한 설명이 가능하다는 장점이 있다.

소검사별 내용은 아래 표와 같다(K-WISC-IV, 곽금주, 오상우, 김청택).

소검사	설명
1. 토막 짜기 (Block Design)	제한시간 내에 흰색과 빨간색으로 이루어진 토막을 사용하여 제시된 그림과 같은 모양을 만든다.
2. 공통성 (Similarities)	공통적인 사물이나 개념을 나타내는 두 개의 단어를 듣고, 두 단어가 어떻게 유사한지 말한다.
3. 숫자 (Digit Span)	검사자가 읽어준 숫자를 바로 따라 하거나, 거꾸로 따라 한다.

1부 . 경계선 지능 알아보기

4. 공통 그림 찾기 (Picture Concepts)	두 줄 또는 세 줄로 이루어진 그림들을 제시하면, 아동은 공통된 특성으로 묶을 수 있는 그림을 각 줄에서 한 가지씩 고른다.
5. 기호 쓰기 (Coding)	간단한 기하학적 모양이나 숫자에 대응하는 기호를 그림
6. 어휘 (Vocabulary)	그림 문항에서 소책자에 있는 그림들의 이름을 말한다. 말하기 문항에서는 검사자가 읽어주는 단어의 정의를 말한다.
7. 순차연결 (Letter number Sequencing)	연속되는 숫자와 글자를 읽어주고, 숫자가 많아지는 순서와 한글의 가나다 순서대로 암기하도록 한다.
8. 행렬추리 (Matrix Reasoning)	불완전한 행렬을 보고, 다섯 개의 반응 선택지에서 제시된 행렬의 빠진 부분을 찾아낸다.
9. 이해 (Comprehension)	일반적인 원칙과 사회적 상황에 대한 이해에 기초하여 질문에 대답한다.
10. 동형 찾기 (Symbol Search)	반응 부분의 모양 중 표적 모양과 일치하는 것이 있는지를 제한시간 내에 표시한다.
11. 빠진 곳 찾기 (Picture Completion)	그림을 보고 제한시간 내에 빠져 있는 중요한 부분을 가리키거나 말한다.
12. 선택 (Cancellation)	무선으로 배열된 그림과 일렬로 배열된 그림에 있는 표적 그림을 제한시간 내에 표시한다.
13. 상식 (Information)	일반적 지식에 관한 광범위한 주제를 다루는 질문에 대답한다.
14. 산수 (Arithmetic)	구두로 주어지는 일련의 산수 문제를 제한시간 내에 암산으로 푼다.
15. 단어추리 (Word Reasoning)	일련의 단서에서 공통된 개념을 찾아내어 단어로 말한다.

❦ K-WISC-IV 소검사별 내용

전체 지능지수는 언어이해지표, 지각추론지표, 작업기억지표, 처리속도 지표의 네 가지 영역의 총합으로 계산된다.

언어이해지표(Verbal Comprehension Index=VCI)는 언어적 추론, 이해, 개념화, 단어 지식 등을 이용하여 언어 능력을 측정하는 것으로, 공통성, 어휘, 이해, (상식), (단어추리)의 합으로 계산된다. 괄호 안의 소검사는 보충 검사로 인지적, 지적 기능에 대한 광범위한 표본을 제공해주며 주요 소검사를 대체하는 용도로 사용될 수 있다.

지각추론지표(Perceptual Reasoning Index=PRI)는 시각적 자극을 통합하거나 비언어적 추론 능력, 학습을 통해 배울 수 없는 문제를 해결하기 위한 시공간적 시각-운동기술을 적용하는 능력을 측정하는 것으로, 토막 짜기, 공통 그림 찾기, 행렬 추리, (빠진 곳 찾기)의 합으로 계산된다.

작업기억지표(Working Memory Index=WMI)는 주의력, 집중력, 작업 기억을 측정하는 것으로 숫자, 순차 연결, (산수)의 합으로 계산된다.

처리속도지표(Processing Speed Index=PSI)는 간단한 시각적 정보를 빠르고 정확하게 탐색, 변별하는 능력, 정신 속도와 소근육 처리속도를 측정하는 것으로 기호 쓰기, 동형 찾기, (선택)의 합으로 계산된다. 경계선 지능 아동은 전체 지능지수를 기준으로 합산 점수가 70~79에 해당하는 경우 진단내릴 수 있다.

K-WISC-Ⅳ 전체 지능지수별 진단기준

합산 점수	분류
130 이상	최우수
120~129	우수
110~119	평균 상
90~109	평균
80~89	평균 하
70~79	경계선
69 이하	매우 낮음

K-WISC-Ⅳ 진단검사 사례

초등학교 2학년 남아

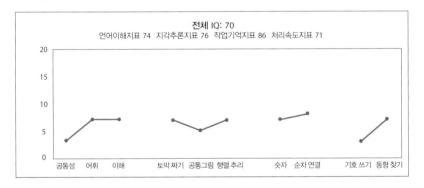

전체 IQ: 70
언어이해지표 74 지각추론지표 76 작업기억지표 86 처리속도지표 71

K-WISC-Ⅳ 검사 결과

아동의 전체 지능 지수는 70으로, 경계선 수준에 해당하고 있다. 언어이
해지표 74, 지각추론지표 76, 작업기억지표 86, 처리속도지표 71로 나타났

다. 언어적 추론, 이해 개념화, 단어 지식 등을 이용하는 언어능력, 시각적 자극을 통합하거나 비언어적으로 추론하는 능력, 학습을 통해 배울 수 없는 문제를 해결하기 위해 시공간적인 시각-운동기술을 적용하는 능력, 간단한 시각적 정보를 빠르고 정확하게 탐색하고 변별하는 능력, 정신 속도와 소근육 처리속도는 '경계선' 수준으로, 주의력, 집중력, 작업기억은 '평균 하' 수준으로 나타났다.

대부분의 소검사 평가치들이 자기 연령에 비해 저조한 수행을 보이고 있고, 어휘력과 언어적 유창성을 비롯하여 추상적이고 논리적인 수준의 대화나 글을 이해하는 것이 어렵고 현행 학습을 따라 가는 데 많은 어려움이 있을 것으로 예상된다.

통상적인 사회적 상황 판단력도 낮은 수준으로, 사회적 눈치 또한 부족하므로 대인관계 상황에서 독자적인 판단력으로 융통성 있게 대처해 나가는 데에도 어려움이 예상되며 또래보다 어리고 미숙하다는 평가를 들을 것이다.

주의집중력 측면에서도 지속적 주의력과 청각적 단기 주의력도 저조한데다, 단순한 기호에 주의를 집중하여 기민하게 처리하는 정신운동속도 또한 경계선 수준으로 뒤처져 있으므로 또래들과 동일한 기술이나 동작을 익히는 데에도 많은 시간이 필요하며, 제한된 시간 동안 해야 하는 과제를 혼자 마무리하지 못하고 느린 수행력을 보일 것이다.

🌱 위 아동을 위한 지도 TIP

– 청각적 주의집중을 먼저 길러주어야 한다. 언어적 이해력을 길러주기 위해서는 우선 듣기 능력이 발달되어야 하기 때문이다. 청각적 주의집중을 길러주

기 위해서는 동요 따라 부르기, 단어 따라 읽기, 문장 이어 말하기, 특정 단어
에 손뼉 치거나 몸으로 행동하기 등의 활동을 하면 좋다.

– 단어의 뜻, 학습 연령에 맞는 필요한 상식, 간단한 전래동화 줄거리 등에 대
해 이야기를 나누고 꾸준히 점검해보자. 처음에는 언제 다 가르쳐줄 수 있을
지 의구심이 들겠지만, 꾸준히 반복하여 확인하면 향상되는 것을 느낄 수 있
을 것이다.

– 소근육 조절능력을 기를 수 있는 활동을 많이 하는 것이 좋다. 종이접기, 가
위질, 만들기, 그림 그리기, 글씨 쓰기 등을 재밌게 할 수 있도록 미술과 결합
하여 활동해보자. 만약 미술에 자신 없어 하는 아동이라면, 블록놀이나 보드
게임을 활용하여 소근육을 활용할 수 있도록 도와주는 것도 좋다.

– 또래 간에 눈치 없는 행동을 하지는 않는지 주의깊게 관찰해보자. 친구들의
표정 변화, 말투, 의도 등을 파악하지 못하여 또래들이 싫어하는 것 같다면,
얼굴 감정카드 알아맞히기, 거울 보고 감정 표현하기와 더불어 "이럴 땐 어
떻게 해야 할까?"라고 질문하여 상황별로 구체적인 지침을 아동이 이해하고
습득할 수 있도록 도와주는 것이 좋다.

초등학교 3학년 여아

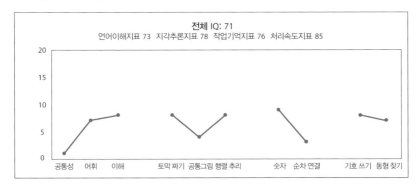

전체 IQ: 71
언어이해지표 73 지각추론지표 78 작업기억지표 76 처리속도지표 85

K-WISC-IV 검사 결과

아동의 전체 지능 지수는 71로, 경계선 수준에 해당하고 있다. 언어이해 지표 73, 지각추론지표 78, 작업기억지표 76, 처리속도지표 85로 나타났다. 언어적 추론, 이해 개념화, 단어 지식 등을 이용하는 언어능력, 주의력, 집중력, 작업기억, 시각적 자극을 통합하거나 비언어적으로 추론하는 능력, 학습을 통해 배울 수 없는 문제를 해결하기 위해 시공간적인 시각-운동기술을 적용하는 능력은 '경계선' 수준으로, 간단한 시각적 정보를 빠르고 정확하게 탐색하고 변별하는 능력, 정신 속도와 소근육 처리속도는 '평균 하' 수준으로 나타났다.

어휘력과 언어적 개념 형성은 낮은 수준으로 뒤처져 있고 기본적인 학습능력도 제대로 갖추지 못한 상태로, 평소 효과적인 자기표현에 서투르고 연령에 적절한 추상적이고 논리적인 수준의 대화나 글을 이해하는 것이 어려울 것으로 예상된다. 충동적이고 계획성 없이 문제에 접근하고 쉽게 해결되지 않으면 그냥 포기해버리는 패턴으로 인해 새로운 것을 습득하고 익히는 학습 과정에서 어려움이 더 가중될 것이다.

주의집중력 측면에서 청각적 단기 주의력이 '경계선' 수준으로, 단순한 기호에 주의를 집중하여 기민하게 수행하는 정보처리속도는 '평균 하' 수준의 빈약한 수행을 보이고 있다. 수업 중 교사의 지시에 제대로 귀를 기울이지 못하고 맥락을 따라가지 못하는 경우가 잦고, 제한된 시간 동안 과제를 신속하게 마무리 짓는 데 어려움을 보일 것이다.

관습적 지식이나 판단력을 비롯하여 비언어적인 대인관계 상황의 앞뒤 맥락을 추론하는 능력도 빈약한 수준으로 나타났다. 자신이 속한 환경에서 어떻게 행동해야 하는지에 대한 대처 요령이나 지식도 제대로 갖추지 못하고 있을 뿐만 아니라, 자신의 생각이나 입장을 언어적으로 조리 있게 표현하는 능력 또한 부족하여 사회적 상황에서 원활한 상호작용을 하는 데 어려움이 예상된다.

 ## 위 아동을 위한 지도 TIP

- 비슷한 점과 차이점에 대한 구분이 이루어져야 한다. 두 사물을 관찰하고 공통점과 차이점을 말하는 것부터 시작하여 점차 다양한 개념의 공통점과 차이점을 말할 수 있도록 도와주어야 한다. 예를 들어 포도와 사과의 공통점과 차이점, 사자와 호랑이의 공통점과 차이점부터 시작하여, 점차 어려운 개념으로 확장해가면 좋다. 예를 들면, 친구끼리의 약속과 교통규칙의 공통점과 차이점에 대해서도 말해볼 수 있도록 질문하는 것이다.
- 미술활동, 신체활동, 게임활동, 학습활동 등 무언가를 시작하기 전에 계획을 함께 세워주자. 간단하게 꼭 이룰 수 있는 계획을 세워서 시간을 나누고, 다 마친 다음에는 계획한 것처럼 다 완성했다는 것을 확인시켜주고 칭찬해주자. 일을 계획적으로 시작하고 끝까지 완성하는 습관을 길러주는 데 도움이 될 것이다.
- 동화책을 많이 읽어주고, 아동과 함께 소리 내어 읽어보자. 처음에는 교사나 부모가 많이 읽어주고, 점차 아동이 스스로 많이 소리 내어 읽으면서 다른 사람한테 자신의 목소리를 들려주는 연습을 시켜주면 좋다. 그 후에는 자신의 생각, 감정, 줄거리 등을 이야기하도록 격려해주자. 친구관계에서 자주 생기는 문제들에 대해서 이야기를 나누고 '이럴 땐 이렇게'하는 역할극을 함께 연습해보는 것도 좋은 방법이다.

중학교 1학년 남자 청소년

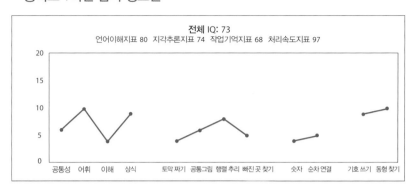

전체 IQ: 73
언어이해지표 80 지각추론지표 74 작업기억지표 68 처리속도지표 97

K-WISC-IV 검사 결과

전체 지능 지수는 73으로, 경계선 수준에 해당하고 있다. 언어이해지표 80, 지각추론지표 74, 작업기억지표 68, 처리속도지표 97로 나타났다. 전반적인 소검사 수행 양상을 고려할 때 지적인 잠재능력은 '평균 하' 수준에 속할 것으로 짐작된다.

언어적 추론, 이해, 개념화, 단어 지식은 '평균 하' 수준으로, 시각적 자극을 통합하거나 비언어적으로 추론하는 능력, 학습을 통해 배울 수 없는 문제를 해결하기 위해 시공간적인 시각-운동기술을 적용하는 능력은 '경계선' 수준으로 간단한 시각적 정보를 빠르고 정확하게 탐색하고 변별하는 능력, 정신 속도와 소근육 처리속도는 '평균' 수준으로 나타났으나 주의력, 집중력, 작업기억에서는 경도 정신지체 수준으로 나타났다.

반복적인 교육과 경험을 통해 습득한 기초지식을 비롯하여 어휘력은 평균 범위에 속하고 있으므로 기본적으로 보유한 학습능력은 양호한 것으로 보이며 평소 자신의 생각이나 감정을 표현하는 데 큰 어려움은 없을 것이다.

주의집중력과 관련한 소검사들에서 지속적으로 과제에 집중하는 능력을 비롯해 청각적 단기 주의력은 낮은 수준으로 나타났으나 단순한 기호에 주의를 집중하여 기민하게 정보를 처리하는 속도는 평균 수준으로 나타나, 과제의 종류나 동기, 흥미 여부에 따라 주의집중의 기복을 보이며 학습의 효율성이 저하될 수 있을 것으로 예상된다. 이러한 청각적 주의력 부족은 새로운 것을 습득하고 익히는 과정에서 어려움을 초래한다. 관습적 지식이나 판단력에서 주변 상황이나 자극을 주의깊게 관찰하여 핵심적인 부분과 비핵심적인 부분을 민감하게 구별하는 시각적 예민성이 부족하므로 사회적 상황에서 본질적인 측면을 잘 파악하지 못할 것이다. 더욱이 관습적인 규범을 이해하여 사회적 상황을 판단하고 자신의 행동을 적절히 규제하는 능력이 매우 부족한 것으로 나타났다.

 ## 위 아동을 위한 지도 TIP

– 주의집중력의 기복이 큰 아동으로, 청소년기임을 고려해볼 때 아동이 좋아하고 흥미를 가지고 있는 활동을 찾아내는 것이 중요하다. 아동이 잘할 수 있는 영역과 어려워하는 영역에 대한 정보를 교사나 부모가 가지고 있다면 훨씬 더 관계를 형성하는 데 도움이 될 것이다. 학습 이외의 블록 조립, 프라모델 구성, 게임 등의 관심사를 확인하고, 학교에서 제일 재미있는 과목이 무엇인지에 대해 확인하자. 잘하는 영역 중심으로 완성도를 높여 성취감을 가질 수 있도록 하는 것이 좋다. 그다음 어려워하는 영역인 관심 없고 하기 싫어하는 영역과 꾸준히 집중하고 심사숙고해야 하는 과제들을 하나씩 해결해나갈 수 있도록 해야 한다.

– 다른 사람의 입장을 고려하기, 관습적 상황 파악하기, 문제를 사회적 규준 내

에서 해결하기 등에 대해 충분히 이야기를 나누자. 규칙을 지키라고 강요하기보다는 다른 사람의 감정에 대해 생각해볼 수 있는 시간을 주는 것이 중요하다. 간단한 영상, 책, 주변의 사례 등을 활용하여 이야기를 나누어보자.

중학교 2학년 여자 청소년

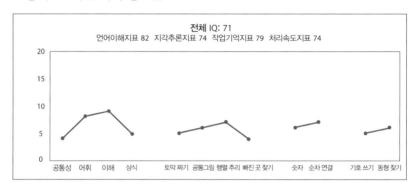

전체 IQ: 71
언어이해지표 82 지각추론지표 74 작업기억지표 79 처리속도지표 74

K-WISC-IV 검사 결과

전체 지능 지수는 71로, 경계선 수준에 해당하고 있다. 언어이해지표 82, 지각추론지표 74, 작업기억지표 79, 처리속도지표 74로 나타났다.

언어적 추론, 이해, 개념화, 단어 지식은 '평균 하' 수준으로, 시각적 자극을 통합하거나 비언어적으로 추론하는 능력, 학습을 통해 배울 수 없는 문제를 해결하기 위해 시공간적인 시각-운동기술을 적용하는 능력, 간단한 시각적 정보를 빠르고 정확하게 탐색하고 변별하는 능력, 정신 속도와 소근육 처리속도, 주의력, 집중력, 작업기억에서는 '경계선' 수준으로 나타났다.

풍부한 독서경험이나 지적인 자극이 제대로 이루어지지 못한 것처럼 일반상식이 낮은 수준으로 뒤처져 있으며, 어휘력을 비롯해 복잡한 언어적 개념에 대한 조작 및 추상화 능력도 낮은 수준으로 나타나 친구들과의 원만한 의사소통에 어려움이 크겠으며 기본적으로 보유한 학습능력도 매우 빈약해 보인다.

주의집중력과 관련한 소검사들에서 일관되게 저조한 수행을 보이고 있다. 과제에 지속적으로 주의를 기울이는 능력과 청각적 단기주의력이 매우 지체되어 있으므로 수업 중 친구들과 함께하는 과제를 따라가는 데 많은 어려움이 예상되며 교사에게서 방금 들은 내용도 금방 잊어버리고 부주의한 면모를 보일 것이다.

관습적 지식과 판단력을 양호하게 갖추고 있는 반면, 주변 환경에 대한 시각적 예민성 및 중요한 것과 아닌 것을 구분하는 것에 둔감한 상태이다. 자신이 속한 환경에서 어떻게 행동해야 하는지에 대해서는 인지적으로 알고 있지만 주변 환경적 자극에 관심을 기울이지 못하고 다소 둔감해서 친숙하지 않은 상황에서는 수동적이고 회피적인 태도를 보일 것으로 예상되며, 적극성과 자율성을 발휘하여 문제를 해결해 나가는 능력이 부족한 것으로 나타났다.

위 아동을 위한 지도 TIP

– 다른 사람의 말을 여러 번 되묻지 않도록 청각적으로 주의깊게 듣고 기억하는 능력을 길러주어야 한다. 부모, 교사나 또래들에게 귀찮게 물어본다는 피드백을 받으면 더 이상 묻지 않고 혼자만의 세계에 빠져들 수도 있기 때문이다. 따라서 읽어주는 글을 정확하게 듣고 답하기, 노래(동요나 간단한 가

요) 가사를 듣고 단어가 몇 번 나왔는지 찾아내기(예: '곰 세 마리'에 곰이 몇 번 나왔는지), 단어들을 순서대로 불러주고 따라서 읽거나 외우는 연습 등을 함께 해보자.

– 시각적으로 중요한 부분을 빨리 찾아내고, 그에 따른 답을 말하거나 적는 연습을 해야 한다. 전체 배경과 핵심을 구별할 수 있어야 사회적인 자극을 빨리 변별하고 이에 따라 문제를 해결하는 능력이 길러질 수 있다. 숨은 그림 찾기, 틀린 그림 찾기, 현재 내가 있는 주변을 관찰하고 표현하기, 다른 사람이 설명하는 것 찾아내기 등을 연습하면 좋다.

– 기본적인 언어적 이해 및 표현, 상식이 부족하므로 중학생이 알아야 하는 단어목록 등을 토대로 단어와 상식에 대해 이야기하고 적는 연습을 꾸준히 하면 좋다. 문장으로 단어를 소개하도록 지도하고, 길고 자세하게 설명할 수 있도록 격려해주자.

재확인 단계

심리검사를 통해 선별되어 확인된 경계선 지능을 가진 아동은 학습 속도나 재검증 체크리스트를 통해 다시 한번 검증된다. 특정 단락을 학습한 후 여러 번 복습한 학생들이 80%의 점수를 얻는 데 얼마나 많은 시간이 걸리는지를 기록하여 검증하는데, 경계선 지능 아동은 평균 아동이나 영재 아동보다 많은 시간이 걸린다. 또한 다음의 중요한 징후가 있는 다섯 가지 영역의 체크리스트를 통해 느린 학습자로 선별된 아동이 다음의 영역에 어느 정도 일치하는지를 알아보아야 한다.

재검증 체크리스트(Kar, 1992 재인용)

인지적인 학습 문제에 대한 특성
① 학습 속도가 느리고, 자신이 학습한 것을 기억하는 데 어려움이 있다.
② 추상적인 학습보다 구체적인 학습을 선호한다. 예를 들어 논리적으로 추론하는 문제보다는 사실관계를 이해하는 학습을 선호한다.

③ 학습의 전이가 어렵다. 즉 이전에 학습한 내용을 다음 학습에서 적용하는 데 어려움이 있다.

④ 판단력과 일상적인 사건을 알아차리고 깨닫는 능력이 부족해서 매우 산만하다.

⑤ 직접적으로 가르쳐야 기술을 얻을 수 있으며, 우연적으로는 얻지 못한다.

⑥ 학습 부진아이며, 매우 짧은 주의폭을 갖는다.

언어와 언어에 관련된 문제에 대한 특성

① 언어적인 표현이 어렵다.

② 소리 내어 읽는 것을 묵독보다 더 어려워한다.

③ 조음 문제를 가지고 있다.

④ 사고에 대한 적절한 표현이 어렵다.

청지각 문제에 대한 특성

① 받아쓰기에서 어려움을 겪는다. 쓰기를 할 때 흔히 접두사와 접미사를 빼먹는다.

② 말로 하는 지시사항을 이해하지 못한다. 질문을 받아도 적절한 답을 하지 못할 때가 많다.

③ 말로 제시되는 매체보다 시각적으로 제시되는 매체를 선호한다.

④ 다른 소리에 대한 구별이 어렵다. 비슷하게 발음되는 단어들을 구별하는 데 어려움이 있다(예를 들면 닥-탁/단-담).

⑤ 말로 질문하면 부적절한 답을 한다.

⑥ 암산을 배우는 것을 어려워한다.

시각-운동 문제에 대한 특성

① 시각적 자극에 의해 산만해진다. 어색한 동작을 한다.

② 색깔, 크기와 형태 간의 관계 구분을 어려워해서 이들이 본 사물을 기억하기 위해 이러한 관계들을 떠올리지 못한다.

③ 글씨를 못 쓰고, 수작업에 어려움이 있다. 신체적인 문제에 대해 매우 자주 불평한다. 일상적인 사물을 알아보는 것도 종종 문제가 된다.

④ 전체 학습보다 부분적인 학습을 선호하고, 말로 하는 학습과제들을 더 쉽게 여긴다.

사회적 문제와 정서적 문제에 대한 특성

① 학습할 때 오랜 시간 앉아 있을 수 있는 체력이 없다.

② 고독을 좋아하고 사교적이지 않다. 친구를 만들지 못하며, 붙임성이 전혀 없다.

③ 사소한 문제에서 친구와 또래에게 공격적이며, 두려워하고 수줍어한다. 과도하게 공상에 빠진다.

④ 손톱 물어뜯기를 많이 한다. 때때로 반사회적인 활동에 몰두한다.

⑤ 기분이 자주 변하고 성취 수준이 기대 이하이다.

⑥ 집단 내에서 활동하는 것을 선호하지 않으며, 부적절하고 과도한 언어표현을 한다.

경계선 지능 아동을
어떻게 도와주어야 할까?

경계선 지능을 가진 학생들에 대한 적절한 중재는 매우 중요하다. 왜냐하면 그들에 대한 중재를 어떻게 하느냐에 따라 학생들의 성장 방향이 극단적으로 달라질 수 있기 때문이다. 즉 학생의 발달 속도와 수준을 인정하고 그에 맞는 지도를 하는 경우 비교적 정상 학생들에 상응하는 발달을 보일 수도 있고, 지나치게 낮은 능력으로 낙인찍고 장애 학생들을 위한 기초교육만 받다보면 계속 뒤처진 채로 남아, 계속해서 적응하는 데 어려움을 보일 수도 있다. 또한 일반 학급에서 생활을 한다고 하더라도 따돌림을 심하게 당하거나 교우관계가 원만하지 않고 적응이 어려워 겉도는 경우도 있고, 일찍부터 비행 학생들과 어울려서 품행 문제가 생길 수 있다.

경계선 지능에 대한
오해와 잘못된 지도

지금까지 인지능력과 관련된 어려움을 겪고 있는 아동들에 대한 관심과 지도는 지적장애나 학습장애를 가진 아동들에게 맞춰져왔다. 경계선 지능 아동들은 장애 아동으로 분류되지 않고, 학습장애로도 분류되지 않기 때문이다. 오히려 이들은 일반 아동 중에서 공부에 흥미가 없고 매사에 진지하지 못한 불성실한 아동으로 오해받고 이에 대한 핀잔이나 그릇된 비난을 받아왔다. 이렇게 자신의 노력과 의지와는 관계없이 학교와 가정에서 학습이나 인간관계의 어려움을 겪는 경계선 지능을 가진 아동들이 우리 주변에 많이 있다. 이들은 열심히 해도 학습적인 면에서 좋은 성과를 거두기 어렵고, 인간관계 또한 잘 해내지 못한다.

하지만 이들은 주변 사람들에게 정당한 이해를 받지 못한 채 '해도 안 되는 아이들', '공부에 열정이 없는 아이들', '건성으로 듣는 아이들'이라는 의심을 받는다. 이제라도 이들을 바르게 이해하여 어떤 도움을 주어야 할지 생각해야 한다.

🌱 태도를 바로잡으면 된다는 오해

부모나 교사들은 경계선 지능 아동들의 문제를 주로 태도의 문제라고 생각하는 경향이 있다. 이들의 문제가 능력이 부족해서가 아니고 태도가 나쁘기 때문이라고 생각하는 것이다. 특히 학습에 대한 태도, 부모나 교사에 대한 진지하지 못한 태도가 문제라고 생각해 왔다. 그렇기 때문에 어른들은 경계선 지능을 가진 아동들을 야단치고 학습 태도를 바로잡으면 이들의 문제를 개선할 수 있을 것이라고 생각했고, 그래서 더 잘하도록 다그치고 통제하고 강요하는 방식의 지도를 해왔다. 그러나 부모와 교사의 오해와 그릇된 지도방식은 인지적 문제를 넘어서, 정서적인 문제로 확대될 수가 있어 큰 문제가 된다. 즉 교사와 부모의 지도를 잘 따르지 못하는 경계선 지능을 가진 아동들은 이차적으로 신체적 체벌과 언어적 폭력에 노출이 되어 심리적 상처를 받아 제대로 성장하지 못할 가능성이 많다. 교사와 부모들이 경계선 지능 아동들을 바라보는 부정적인 시각과 오해는 이들을 무능력한 존재로 낙인찍는다. 그로 인해 경계선 지능 아동들은 더 잘해낼 수 있다는 자신감을 상실한 채 매사에 쉽게 포기하고 자신을 도와주지 않는 어른들을 원망하게 된다.

🌱 교육 서비스의 사각지대

캘리포니아 대학의 Gresham 교수는 경계선 지능은 장애로 분류되지 않고, 또한 인구분포비율이 매우 높기 때문에 특별한 서비스를 국가적으로 제공하기 어렵다고 지적하였다. 일반 아동과 구분하여 반드시 도움을 받아야 하는 대상으로 선정할 만한 근거가 약하다는 것과 많은 수의 경계선 지능 아동을 돕기 위한 서비스를 제공하기 위해서는 국가 예산이 많이 지출될 수 있다고 보는 것이다(정희정, 2006).

그러나 이 점은 오히려 경계선 지능을 가진 아동들을 더욱 관심을 가지고 돌봐야 하는 이유가 될 수 있다. 많은 수의 경계선 지능 아동들이 학교와 사회에서 적응을 못한 채 성인이 되었을 때 사회가 부담해야 하는 사회적 비용을 생각한다면, 일찍부터 이들이 학교와 가정에서 잘 적응할 수 있도록 돕는 것이 오히려 국가 예산을 건전하게 사용하면서도 전체 비용이 절감되는 효과를 가져올 수 있다. 이를 위해 경계선 지능 아동을 '일반 아동과 지적장애 아동 사이에 존재하지만 특별한 도움이 필요한 위험군'이라고 인식하고 이들을 위한 특별 프로그램과 특별 서비스를 개발해야 한다.

경계선 지능을 가진 아동들은 고위험군으로, 특별한 도움이 제공되지 않는다면 학교 중퇴, 학교폭력의 피해자, 사회 부적응자로 성장할 가능성이 많다(정혜정, 2012). 실제로 경계선 지능을 가지고 사회에 적응을 하지 못해 범죄자가 되어 사형까지 구형을 받는 안타까운 사연도 있었다.

교사들이 걱정하는 것은
무엇일까?

    학교 교사나 아이들을 자주 만나는 방과후 돌봄교실 교사들은 경계선 지능이 의심되는 아동이 있을 때 큰 걱정을 한다. 가정에서 부모가 자녀를 만나는 시간보다 교사들이 이들을 만나는 시간이 훨씬 길 수도 있기 때문이다. 현장에서 경계선 지능 아동을 직접 만나는 이들뿐만 아니라, 경계선 지능을 가지고 있는 아동들을 위해서도 이에 대한 해결책을 모색하는 것은 매우 중요한 일이다.

    저자는 지난 2009년 4월에 노원구와 강북구 지역의 방과후 공부방 및 지역아동센터 교사 44명을 대상으로 경계선 지능을 가진 아동에 대한 실무자들의 이해 정도를 가늠하는 설문조사를 실시했었다(노원아동청소년 네트워크-연아아동청소년발달센터 연계협장 조사자료).

    대상의 수가 많지 않아 폭넓게 일반화하기는 어렵지만, 경계선 지능 아동들을 자주 접하는 현장 실무자들의 걱정과 고충을 살펴보는 데는 부족함이 없을 것이다.

조사 대상인 실무자들에게 담당하는 아동들의 수를 물었을 때, 평균 20~30명 정도였고 그중에 경계선 지능으로 짐작이 되는 아동의 수는 대략 1~2명 정도(응답자의 45%)였으며, 그다음으로는 3~5명 정도(응답자의 36%)인 것 같다고 하였다. 방과후 공부방 및 지역아동센터에서 교사들이 만나는 경계선 지능 아동의 수는 대략 전체 20~30명 중에서 2~4명 정도 되는 것으로 보인다. 이들의 응답을 토대로 경계선 지능을 가진 아동에 대한 실무자들의 걱정을 살펴보면 다음과 같다.

주의 산만과 낮은 기억력

경계선 지능 아동의 가장 큰 특징은 주의 산만과 낮은 기억력이다. 전체 응답자의 34%는 경계선 지능을 보이는 아동의 가장 큰 특징이 주의가 산만한 것이라고 답했으며, 응답자의 25%는 기억력이 나쁘다고 답했다. 방과후 공부방이나 지역아동센터에서는 기본적으로 아동들의 학습을 돌봐준다. 그러고 나서 여가를 이용하여 놀이나 여가활동 및 특별활동을 하는데, 주로 학습을 지도하는 과정에서 경계선 지능을 가지고 있는 아동들이 주어진 과제에 대해 주의집중을 하기 어렵고, 배운 내용을 오랫동안 기억하지 못하여 다음의 진도로 진행하는 데 어려움을 느낀다고 평가했다. 이러한 주의 산만과 낮은 기억력이 이들을 느린 학습자로 만드는 주요한 원인일 것이다.

또래관계의 어려움과 학습부진

경계선 지능 아동의 일상생활에서 두드러지는 문제 행동은 또래관계에서 겪는 어려움과 학습부진이다. 응답자의 30%는 또래관계를 가장 큰 문제로 답하였고, 응답자의 23%는 학습부진이 큰 문제라고 답하였다. 이는 경계선 지능을 가진 아동들의 사회성과 학습 문제가 심각하다는 것을 보여준다. 원만하고 즐거운 또래관계는 어느 정도의 상황판단력이나 상황에 대한 대처능력뿐 아니라, 양보하고 배려하거나 규칙을 지키는 등의 다양한 문제해결력을 요구한다. 그런데 경계선 지능을 가지고 있는 아동들은 낮은 인지능력으로 인하여 적절한 사회적 행동을 하기가 어렵다. 하지만 한편으로는 이들의 낮은 인지능력을 감안한 사회적 행동에 대한 지도가 그동안 이루어지지 않았던 결과일 수도 있다. 또한 현장의 교사들은 학습부진의 문제를 걱정하는데, 이들의 낮은 인지능력을 감안해 보면 부득이한 결과일 것이다. 학령기 아동청소년 시기의 가장 중요한 문제가 교우관계와 학업 문제인 만큼 경계선 지능 아동들이 학교와 가정에서 크게 어려움을 겪고 있음을 알 수 있다.

학습동기부여와 학습 지도

실제로 교사와 공부방 실무자들이 경계선 지능 학생들을 지도하는 주요 방법은 학습동기부여와 학습 지도였다. 이는 실무자들이 경계선 지능을 가진 아동들이 학습 문제뿐만 아니라 교우관계로 인해 큰 어려움을 겪고 있음에도 이를 효과적으로 지도할 수 있는 방법을 알지 못하여 주로 학습 지도에 힘을 쏟았음을 나타낸다. 또한 학습의 지도 방법에서도 학습동기부여를 위한 노력을 더 많이 했다고 답한 것으로 보아, 실무자들도 경계선 지능을 가진 아동들이 공부를 못하는 것은 이들만을 위한 학습적 배려가 없어서라기보다는 경계선 지능 아동의 학습 태도나 동기가 낮기 때문이라고 생각하고 학습 태도를 개선할 수 있는 동기부여에 관심을 갖고 지도한 것이라고 생각된다. 이는 앞서 교사와 부모들이 일반적으로 취하는 오해와 맥을 같이한다.

실무자들의 지도 방법을 통해, 경계선 지능 아동을 위한 특별 프로그램 개발의 중요성에 대해 다시 한번 생각하게 된다.

의사소통의 어려움

교사와 실무자들이 경계선 지능 학생을 지도하는 과정에서 가장 힘들어하는 부분은 바로 이들과의 의사소통이다. 경계선 지능을 가진 아동들은 언어표현능력이 부족하다. 그러다 보니 교사나 실무자가 소소한 잘못을 바로잡기 위해 훈육을 해야 할 때, 이들을 데리고 대화를 진행하기가 어려웠을 것이다. 묵묵부답이거나, 짧은 주의력으로 인해 교사의 말을 건성으로 듣는 것처럼 보였을 테니 말이다. 실제로 이들이 또래에 비해 언어이해력이 낮기도 하지만, 주된 원인은 어휘력이 매우 부족하여 상대방의 말속에 들어 있는 단어의 뜻을 잘 이해하지 못하기 때문이다. 따라서 낮은 언어표현력과 언어이해력은 교사나 실무자들이 이들과 대화를 하는 데 한계를 느끼게 만드는 원인이 되었을 가능성이 있다.

사회성과 정서적 안정

　교사와 실무자들에게 경계선 지능 아동들에게 가장 시급하게 필요한 것이 무엇인가를 물었을 때, 사회성 향상(응답자의 34%)과 정서적 안정(응답자의 25%)이라고 답하였다. 이는 경계선 지능을 가진 아동들이 학습 문제뿐 아니라 다른 사람들과 어울려 지내는 기술도 부족하고 이로 인해 정서적으로 쉽게 폭발하거나 토라지는 등 부정적인 감정표현을 자주 나타내므로, 무엇보다 이 점을 도와주어야 한다고 생각한 것이다.

진로와 학교 적응 관련 걱정

　교사와 실무자들은 경계선 지능을 가진 아동들을 매일 접하면서 많은 염려를 하고 있었다. 이들의 현재 생활뿐 아니라 미래의 직업과 가정생활에 대한 염려를 함께하고 있었는데, 주된 걱정거리는 다음과 같았다.

　　– 성장하면서 기본적인 생활을 잘 해나갈 수 있을까?
　　– 직업을 가질 수 있을까?
　　– 학교를 정상적으로 마칠 수 있을까?
　　– 적절한 배우자를 만나 결혼할 수 있을까?
　　– 가정을 꾸리고 자신의 가정을 지키기 위해 노력할 수 있을까?

♈ 이들의 장점

교사와 실무자들이 말하는 경계선 지능을 가진 아동들의 장점은 모두 비슷하였는데, 대체로 "순진하고 착하다", "성실하다", "정이 많다" 등처럼 순박한 이들의 특성을 높이 사고 있었다. 이들이 자신을 인정하고 격려해 주는 교사를 만나면, 교사의 기대에 부응하기 위해 최선을 다해 노력하고 규칙을 따르고 생활을 잘하려고 노력하는 모습에서 성실하다는 평을 받은 것이다.

이러한 장점이 이들이 성장하고 발전하는 데 매우 중요한 자원이 될 것이다. 성실하고 착한 마음을 가진 이들이 있는 그대로의 모습마저 이해받고 사랑을 받게 되면, 더 나아지기 위해 부족하지만 스스로 열심히 노력할 것임이 분명하기 때문이다. 개인의 성장과 발전에 있어서 가장 중요한 원동력은 '잘하고 싶은 마음'이므로 경계선 지능 아동들의 이러한 장점을 너무도 소중한 자원임을 인정하고 이들을 위한 서비스를 계획해야 할 것이다.

이들은
어떻게 성장하게 될까?

 ## 특별 학급에서 장애 학생으로

- 기질적으로 순하고 위축된 태도를 보이는 학생

- 학습이 어려운 학생

- 의사소통의 어려움이 있는 학생

- 주의집중을 현격히 못 하는 학생

이들은 초등학교 저학년 때부터 특별 학급에 배치되곤 한다. 특별 학급에서는 또래 학년의 학습이나 자신의 부족한 능력을 보완하는 학습 지도 및 사회성 지도를 받을 수 없고, 장애 학생을 위한 기초학습 지도나 사회성 지도를 받게 된다.

일반적으로는 현재 자기 수준보다 높은 수준의 교육 과정으로 학습하는 것을 목표로 한다. 현재는 모르더라도 꼭 알아야 할 것들을 배워나가는 것이 교육의 방향이다. 그러나 경계선 지능을 가진 아이들은 특별 학급에 배치되어 자신의 현재 수준보다 낮은 수준의 교육 과정을 제공받게 된다. 경계선 지능 아이들이 일반 아이들보다 느리더라도 나름의 성장을 해나가도록 자극을 주고 이끌어주어야 하지만, 이 점은 교육 현장에서 간과되고 만다.

경계선 지능 학생들에게는 자신의 수준을 한 단계 높일 수 있는 학습과 사회성 지도가 필요하지만, 자신의 수준보다 낮은 지도를 받기 때문에 이들의 성장과 발달에 크게 도움이 되지 않을 수 있다. 그러나 장애 아동을 위한 특별 학급 외에 다른 맞춤형 지도를 받을 수 없는 경계선 지능 학생들은 매년 특별 학급에 배치되어 장애 학생이 아니면서도 장애 학생과 함께 지도를 받게 된다. 고교과정에서도 특별 학급에 배치되어 직업 재활의 기회를 제공받기도 한다. 이는 경계선 지능을 가진 학생들의 잠재력을 충분히 지도했다고 보기 어렵다.

일반 학급에서 외톨이나 비행 학생으로

- 일반 학급에서 반복적으로 놀림이나 따돌림을 경험한 학생
- 지속적으로 친구들 사이를 맴돌면서 친구 사귀기를 원하는 학생
- 다소 과잉행동을 보이는 학생
- 친구들 앞에서 튀는 행동을 하면서 관심을 끌려고 하는 학생

특별 학급에 배치되지 않은 많은 경계선 지능 아이들은 일반 아동들과 함께 일반 학급에서 생활을 하게 된다. 이들은 비록 학습에서는 뒤처지더

라도 아이들과 어울려 즐겁게 생활하기를 원하지만 현실을 그렇지 못하다.

경계선 지능을 가진 학생들 중 몇몇은 친구 사귀기를 간절히 원하여 친구들 주변을 맴돌거나 우스꽝스러운 행동 등으로 관심을 끄는 경우가 있는데, 이들의 경우 학급 내의 비행 학생들의 눈에 뜨여 함께 어울리게 되는 경우가 있다. 비행 청소년들과 어울리게 된 경계선 지능을 가진 학생들은 친구들과 어울리는 것을 매우 즐거워하면서 그들과 함께 부적절한 행동을 시도하기도 한다. 그 과정에서 도벽이나 금품 갈취 등의 품행문제를 보이면서 나름의 성취 경험도 하게 되어 비행 학생으로 동화된다. 그렇게 되면, 자신을 인정해주지 않는 학교생활에 대한 부적응은 더욱 커지고 반복적으로 비행을 저지르게 되어 결국 돌이키기 어려운 상황에 이르기도 한다. 범죄를 저지르는 청소년들 사이에서 경계선 지능을 가진 이들을 적지 않게 볼 수 있다.

 일반 학급에서 일반 학생으로

- 부족한 능력을 갖고 있더라도 자존감이 그다지 낮지 않은 학생들
- 가정에서 충분한 지지와 격려를 받는 학생들
- 가정에서의 학습 지도가 적절하게 이루어지는 학생들
- 가정에서 대화가 많이 이루어지는 학생들

학교 적응을 위한 여러 능력들(인지능력, 학습능력, 사회성 기술, 의사소통 능력 등)이 부족하더라도 가정에서 지지와 격려, 실질적인 도움을 받는 학생들은 학교에서 학업 성취는 그다지 높지 않지만 비교적 예의바르고 성

실한 모습으로 생활을 해낼 수 있다.

이들은 상급 학교도 자신의 능력에 맞추어 진학하게 되며, 성적이나 성공 경험과는 별도로 성실한 모습을 보인다. 고등학교를 졸업하고 2년제 혹은 4년제 대학에 입학하여 나름 열심히 생활을 하고, 적정 수준의 직업을 가지게 된다.

결국 일반적인 지능을 가진 다른 학생들과 별다른 차이 없이 성장을 하게 되는 것이다. 우리 주변에는 학창시절에 공부는 잘하지 못했지만 성인이 되어 나름의 성공적인 삶을 살아가고 있는 사람들이 많이 있다. 그리고 이들 중에 경계선 지능을 가진 이들이 적지 않다. 실제로 EBS 뉴스(2012.10.24.)에 낮은 지능으로도 유치원 교사로 성공적으로 생활하고 있는 김미정 씨가 소개된 적이 있다. 이렇게 겉으로 드러나지 않을 만큼 많은 경계선 지능을 가진 사람들이 성공적으로 일반인으로 살아가고 있다.

교육적 중재의 중요성

앞에서 논의한 것처럼 경계선 지능을 가진 학생들은 성장하는 과정에서 일반 학생들과는 확연히 다른 방향성을 갖고 있다. 비교적 건강하게 자랄 수도 있고, 사회적으로 범죄에 노출되어 부적응하는 경우도 있으며 장애 아닌 장애 학생으로 낙인찍힐 수도 있다.

따라서 이들의 특성과 성취 속도에 맞는 지도를 함으로써 타고난 잠재력을 극대화하고 보통의 학생으로 성장할 수 있도록 도와야 한다.

경계선 지능 아동을
돕는 방법

 ## 부모의 역할

교육의 목표를 일상생활에 두기

경계선 지능을 가진 자녀를 둔 부모들은 자녀가 경계선 지능을 가졌다는 말을 들으면 우선 당황하고 이들이 평균 지능이 되면 모든 것이 해결될 수 있다고 생각하는 경우가 많다. 어떻게든 지능을 높아지게 하면 아이의 행동이 정상화된다고 믿는 것이다. 아이가 잘 적응하고 살아가는 데 인지능력이 가장 기본이 되기는 하지만, 인지능력은 학습능력과 같이 협소한 능력이 아니라 생활 전반에 걸쳐 연관되어 있는 능력이므로 특별한 교육이나 치료교육으로만 발달되는 것이 아니다. 따라서 생활 속에서 다양한 문제 해결을 경험하고 기본적인 생활을 잘 해나가도록 지도하는 것만으로도 어느 정도 지능이 개발되기 때문에 특수교육이 전부가 아니라고 생각하는 것이 필요하다.

장애아들을 대상으로 하는 특수교육이라고 할지라도 인지능력 향상을 위한 치료교육을 받으면서 일상생활에서 필요한 기능(예절, 자기 돌봄, 요리, 여가, 친구관계 등)은 별도로 배우게 되는데, 이는 인지능력이 모든 행동을 가능하게 하는 것이 아니라 그런 행동을 배울 수 있도록 기반을 마련하기 때문이다.

경계선 지능을 가진 자녀를 둔 부모들은 인지능력의 향상이나 특수교육을 통해 답을 얻을 수 있다고 생각하지 말고, 일상생활에서 반드시 필요한 기능들을 가르치기 위해 인내심을 가지고 노력할 필요가 있다.

일상생활에서 꼭 필요한 기능은 다음과 같다.

- 개인 위생과 청결, 건강
- 예절
- 연령 수준에 맞는 가사일 돕기
- 여가 및 취미 활동
- 친구와 시간 보내기

인내심 갖기

경계선 지능을 가진 아동들의 부모에게 가장 중요한 책임은 자녀의 느린 발달을 이해하고 기다려주는 것이다. 아이들의 특성을 이해하고 도움을 줌으로써 자녀들이 학습을 포기하지 않고 성취해 나가도록 도움을 주어야 한다. 부모가 경계선 지능을 가진 자녀를 바라볼 때 답답하고 속상한 마음이 드는 것은 당연하겠지만, 그 누구보다 공부하고 성장하는 과정에서 답답한 사람은 경계선 지능을 가진 자녀라는 것을 알아야 한다. 느긋해 보이고 걱정이 없어 보이는 자녀들을 보면서 부모들은 급한 마음이 들어 애가 타고, 본인들만 노력하는 것 같은 마음이 들 것이다. 부모들은 자녀의 입장에서 바라보기보다는 느린 자녀를 인정하지 않고 속상한 마음에 이들에게 압력을 가하고 강요하는 태도를 보이게 된다. 경계선 지능을 가진 아동은 나름의 속도로 성장한다. 그러나 결코 성장을 멈추지 않는다. 늦지만 거북이처럼 꾸준히 하다보면 늦더라도 또래들과 비슷하게 성장할 수 있다는 믿음을 가져야 한다. 그러기 위해서 꼭 필요한 것은 지금 다른 또래들과 경계선 지능 아동을 비교하여 못난이 취급하는 마음과 조급한 요구를 버리는 것이다. 부모들의 목표는 옆이 아니라 앞에 있다. 그것도 남들보다 몇 배의 노력을 해서 남들보다 늦게 도착하게 될 눈앞의 목표이다. 그러나 그 목표에 도저히 도달할 수 없는 것은 아니다. 긍정적이고 용기 있는 자세로 남들과 비교하느라 마음 졸이지 않고 천천히 느긋하게 성장할 수 있다는 믿음을 가져야 한다.

독서 지도하기

유아기와 초등학교 시기는 인생의 기초를 닦는 시기이다. 경계선 지능을 가진 아동들에게도 마찬가지이다. 이 시기의 독서습관은 이들의 가장 큰 단점으로 인식되는 언어이해와 표현력의 향상을 도울 뿐만 아니라, 타고난 지능을 극복하고 더 나은 지능으로 발전하는 데도 크게 영향을 줄 수 있다. 독서 지도는 아이 중심이 아니라 부모와 함께하는 형태여야 한다. 아이가 읽고 싶어하는 책만 읽게 내버려두면, 주제가 편중될 수 있다. 부모가 정해주는 책과 아이가 읽고 싶은 책의 비율을 3:1 정도로 하여, 부모가 도움이 될 것이라고 생각되는 책을 정해주면서 가끔은 아이가 읽고 싶어 하는 책을 스스로 정하도록 하면 된다. 책은 엄마가 읽어주는 것이 좋다. 어려운 책보다는 실생활에 관한 내용이 담긴 책을 선정하는 것이 좋지만, 생활이나 습관에 관한 책들은 아이들이 내용을 이해하기 어려워하거나 재미를 느끼지 못해 읽기 싫어할 가능성이 높다. 그래서 그림만 있는 책이나 내용이 있어도 그림으로 흥미를 끄는 책을 골라야 한다. 이때 책을 있는 그대로 읽어주는 것도 좋겠지만 더 좋은 방식은 내용과 관계없이 자신의 신체나 생활과 연결시키면서 설명하듯이 책을 보여주는 것이 좋다.

학습 돕기

경계선 지능을 가진 아동들은 다른 무엇보다도 학습을 도와주어야 한다. 학습을 도와주기 위해서는 아이가 배우게 될 내용을 부모가 미리 읽어 보고, 간단하게 요약하고 설명할 수 있을 정도로 이해가 되고 나면 그때 아이를 불러서 설명해주는 것이 좋다. 공부하는 시간은 10~20분 정도여도 된다. 경계선 지능 아동은 주의집중력이 낮기 때문에 오래 앉아서 공부하기 어렵다. 그래서 짧게 끊어서 공부를 시키는 것이 좋다. 특히 어휘력이 낮은 경계선 지능을 가진 아동들을 위해 낱말의 뜻을 실생활과 연결해서 설명을 해주면 도움이 된다. 경계선 지능을 가진 아동들이 고학년이 되어 학습 적응을 잘 할 수 있도록 도와주기 위해서는 저학년 때부터 꾸준히 학습 지도를 하는 것이 필수적이다. 특히 예습과 복습이 중요하다. 경계선 지능 아동들은 친숙한 과제에 대한 집중력이 높은 반면에 처음 보는 과제에 대한 집중력이 낮은 특징을 가지고 있다. 그렇기 때문에 부모가 저녁 시간을 이용하여 내일 배울 수업 내용을 대략 훑어보고 갈 수 있도록 돕는 것이 좋다. 예습이나 복습은 또래의 다른 아이들처럼 문제집을 푸는 형식이어서는 안 된다. 그것보다는 배울 내용에 들어 있는 어려운 용어나 단어들을 미리 찾아서 어떤 의미인지 살펴보고 쉽게 설명을 해주는 것이 좋다. 절대로 문제풀이 위주여서는 안 된다. 무엇을 배우는지에 대한 내용은 학기 초에 미리 교사에게 양해를 구해서 받아보거나 아니면 친구들에게 물어서 알아볼 수도 있다. 쉬운 일은 아니지만 그렇다고 마냥 어렵지만도 않다. 부모가 애쓴 만큼 자녀가 학교 적응을 잘할 수 있다고 생각하며 실천해 보았으면 좋겠다.

훈육과 좋은 습관 형성하기

경계선 지능을 가진 아동들은 사소한 실수나 잘못을 자주 저지른다. 상황 판단이 미흡하고 구체적인 문제해결능력이 부족하기 때문이다. 때로는 자신이 저지른 잘못에 대해 야단맞는 것이 두려워서 이를 모면하기 위해 뻔한 거짓말을 하기도 한다. 경계선 지능을 가진 아동이 어떤 잘못을 저질렀다면 우선 부모는 또래들과 비교하지 말고 이들을 또래보다 2년 정도 어리다고 생각하고, 그 정신적 수준에 맞추어 훈육을 해야 한다. 즉 어린아이의 눈높이로 잘잘못을 훈계해야 한다는 것이다. 그러나 분명히 잘못된 행동에 대해서는 바로바로 꾸짖는 것이 필요하다.

잘못했을 때는 짧고 효과적인 훈육 방법을 사용해야 하며, 부모의 공간으로 불러서 훈육을 해야 한다. 부모의 공간은 주로 부모의 방을 의미하는데, 아이를 부모의 공간으로 불러서 훈육을 하게 되면 아이들은 부모의 권위와 훈육에 귀기울일 수 있는 자세와 마음가짐을 갖게 된다. 만약 훈육을 아이들의 공간(아이들 방)이나 공동 공간(거실, 주방 등), 공공장소, 여러 사람들 앞에서 하게 되면 아이들의 시선이 여기저기 향하게 되면서 주의 집중이 이루어지지 않아서 효과적인 훈육이 어렵다. 또한 과거의 잘못까지 꺼내면서 야단을 치게 되면, 딴청을 피우면서 훈육을 받아들이지 않기 때문에 훈육은 짧게 해야 한다. 부모들은 평소 아이들의 행동이나 습성에 대해서는 매우 너그럽게 대해야 하지만, 잘못된 행동을 할 때에는 부모의 공간으로 불러서 따끔하게 야단을 칠 수 있어야 한다.

사회성 발달 돕기

경계선 지능 아동들은 또래들과 어울리는 것을 어려워해서 친구들 주변을 맴도는 경우가 많다. 이들은 친구에게 어떻게 말을 걸어야 할지를 잘 모르고, 일단 말을 걸었더라도 어떻게 관계를 유지하고 함께 놀아야 하는지 알지 못한다. 대화를 이어가기 위해 빠르게 생각하고, 생각한 것을 말로 표현하기가 어렵기 때문이다. 하지만 익숙하고 자주 만나는 사람들에게는 비교적 잘 다가가서 함께 놀기도 한다. 이들은 다른 사람의 생각이 자신과 다르다는 것을 잘 이해하지 못하여 친구가 싫다고 하는데도 애정 표현을 하거나 손을 잡아서 친구들이 귀찮아하기도 한다. 또한 놀이 방법을 잘 몰라서 끼워줘도 금방 밀려나기도 한다. 이들에게는 친구의 마음을 이해하는 방법이나 놀이 방법과 같은 구체적이고 실질적인 상호작용 방법을 알려주는 것이 필요하다. 이때 짧고 쉬운 대화로 교육하는 것이 효과적이다.

유아의 경우에는 놀이터에 자주 나가서 놀면 좋다. 경계선 지능 유아들은 어려서부터 또래들과 어울리는 데 어려움을 보인다. 따라서 놀이터와 같이 또래들이 많이 있는 공간에 자주 나가야 한다. 역시 놀이터에서 긴 시간을 보낼 필요는 없다. 10~20분 정도 놀다가 집에 들어오는 정도도 좋은

데, 이때 자녀의 놀잇감이나 간식뿐 아니라 다른 아이들이 가지고 놀 만한 여분의 놀잇감과 간식을 가지고 가서 나누어주면 좋다. 마실 물과 물티슈 등 놀다보면 필요한 것들도 준비해서 다른 아이들이 자녀 곁으로 자주 올 수 있도록 분위기를 조성하는 것이 큰 도움이 된다. 여기서 중요한 것은 아이 혼자 놀라고 하지 말고 엄마가 먼저 나서서 재미있게 놀이를 하는 모습을 보여주는 것이다. 그러면 경계선 지능 유아도 이를 통해 노는 방법을 배우고, 또래 아이들은 흥미가 생겨서 아이 주변으로 몰려들게 된다. 짧지만 아이들을 자주 만나는 경험을 통해 또래에 대한 긍정적인 인상을 가지고 친구와 노는 것에 대한 동기가 생길 수 있다. 초등학생이라면 엄마가 먼저 놀이터에 나가서 아이들이 갖고 노는 놀잇감을 살펴보고, 무엇을 하면서 놀이를 하는지 알아내어 자녀들에게 가르쳐야 한다. 친구들과 어울려 놀기 위해서는 무엇인가 놀 거리가 있어야 하는데, 놀잇감이나 놀이 방법을 모른다면 친구 사이에 끼기 어렵기 때문이다.

진로 탐색하기

경계선 지능을 가진 아동들이 성공적으로 사회생활을 해낼 수 있을지 걱정하는 사람들이 많다. 그러나 미리미리 대비하고 남보다 앞서서 준비를 해나간다면 그리 어려운 일은 아니다. 부모들은 당장 현실적인 적응에만 급급할 것이 아니라, 보다 먼 미래를 내다보아야 한다. 다양한 사람들의 역할을 폭넓게 살펴보면서 자녀가 할 수 있는 일을 찾아내려고 애써야 한다. 일종의 진로에 대한 고민을 미리 하라는 것이다. 아이를 탁월한 업적을 만드는 사람으로 키우기는 어렵겠지만, 평범한 사회인으로 성장시킬 수는 있다. 주변에는 아주 다양한 직업들이 있고, 저마다 필요한 능력이나 조건도 다르다. 자녀가 할 수 있는 직업에 대한 탐색을 서서히 하면서 주변을 관찰하다 보면 틀림없이 경계선 지능을 가진 아이에게 맞는 직업을 찾을 수 있을 것이다. 초등학교에 입학하면 여러 가지 경험을 해보도록 하여 아이에게 맞는 생활능력을 찾아내서 청소년기에 이르러 진로로 연결될 수 있도록 해야 한다.

교사와 협력하기

초등학교에 입학하면서부터는 부모와 교사가 팀워크를 이룰 필요가 있다. 학기 초에 교사를 찾아가서 자녀의 상태를 미리 알리고, 필요한 정보를 제공해야 한다. 필요하다면 경계선 지능을 가진 학생들을 위해 무엇을 배려해주기를 바라는지 글로 적어서 전하는 것도 좋다. 교사가 알아서 배려해줄거라고 막연히 생각하기보다는 도와주기를 바라는 점을 적극적으로 전달하는 것도 필요하다. 하지만 부모가 요청한 내용대로 교사가 배려해주지 않는다고 서운한 마음을 가져서는 안 된다. 교사도 나름대로 최선의 방식으로 학생들을 지도하고 있고, 오랜 교사생활 동안에 축적된 고유한 방식이 있기 때문에 부모가 요청한 방법만이 옳다고 주장하기보다는 교사가 왜 그렇게 지도하는지를 이해하려고 노력하고 소통해야 한다.

교사의 역할

경계선 지능에 대해 이해하기

일반 학생들 속에서 경계선 지능을 가진 학생들을 구분해낼 수 있어야 한다. 경계선 지능을 가진 학생들은 분명 일반 학생들과는 다르지만, 얼핏

보기에는 일반 학생과 다름없어 보이기도 한다. 그러나 이들은 전반적으로 일반 학생에 비해 능력이 낮아서 학습, 교우관계, 자기 생활 실천하기 등에서 매우 미흡한 모습을 보일 수 있다. 이들을 적절하게 지도하기 위해서는 교사가 먼저 이들을 알아보고 일반 학생들 속에서 구분해내는 능력을 가져야 한다. 대략 다음과 같은 기준으로 경계선 지능 학생을 구분해볼 수 있다.

- 평범한 외모와 행동
- 산만한 수업 태도
- 다소 미흡한 이해력
- 부족한 언어표현력
- 평소에 행동하는 모습에서 약간 문제해결력이 부족하다는 인상을 줌

효과적인 지도 방법 배우기

교사는 날마다 경계선 지능을 가진 학생들을 만나는데, 이들은 특별 학급에 모여있는 것이 아니라 다양한 특성을 가진 학생들이 어우러져 있는 학급 안에 있다. 이로 인해 경계선 지능을 가진 학생들만을 위한 지도를 하기 어렵다는 한계가 생긴다. 그래서 교사들이 열정과 관심을 갖고 있음에도 경계선 지능을 가진 아동을 위한 교육환경을 만들기 어렵다.

하지만 교사가 경계선 지능을 가진 학생들에 대한 전문적인 지식과 기술을 익힌다면 다소 고충을 덜 수 있다. 아래와 같은 기술들로 인해 현장에서 부담을 덜 수 있을 것이다.

1부 . 경계선 지능 알아보기

- 대화법

- 관심을 보여주는 방법

- 문제 행동이나 갈등을 보일 때 지도하는 방법

- 친구들과 어울리지 못하거나 따돌림을 당할 때 도와주는 방법

- 부족한 학습을 도와주는 방법

수정된 교육 과정 준비하기

'수정된 교육 과정'이라는 말은 보통 장애 아동이 포함된 학급에서 교사가 일반 학생들을 위한 교육 과정을 준비하면서 몇몇 교수 내용을 장애 아동을 위해 쉽게 수정하여 준비하는 것을 의미한다. 마찬가지로 여기서도 경계선 지능을 가진 아동을 위한 쉽고 간단하고 구체적으로 수정된 교육 과정을 준비하는 것을 말하는데, 예를 들면 수학을 공부할 때 쉬운 문제를 몇 개 더 준비해서 일반적인 진도를 못 따라오는 학생들에게 제공하는 것이다. 국어 공부를 하는 동안 글의 내용을 이해하지 못하는 학생들을 위해 그림자료를 준비하여 보충 설명을 하는 것도 좋고, 동영상 자료를 준비하여 함께 보도록 하는 것도 필요하다. 만일 경계선 지능 아동을 위한 특별한 학습자료를 준비하는 것이 부담스럽다면 학급 전체를 위한 수업 준비를 하되, 되도록 쉽고 간결하게 학습 단원의 내용을 배울 수 있도록 재구성하는 것이 좋다.

학기 중에 친구관계 프로그램 운영하기

매 학기가 시작되면 교사들이 특별한 시간을 할애할 필요가 있다. 주로 같은 반 친구들을 소개하고 자기 자신에 대하여 알리는 시간이다. 하지만

이것과 더불어 가장 중요한 것은 같은 반 친구들에게 협력하는 법(사이좋게 어울리기)에 대하여 프로그램을 진행하는 것이다. 학급의 구성원 수가 많아서 한 시간 안에 진행하기 어렵다면, 몇 시간으로 나누어 수업을 진행해도 좋다. 이러한 특별 수업시간에는 교사의 '친구관계'에 대한 신념과 경험을 학생들에게 알리고, 친구관계를 위한 좋은 행동과 바람직하지 않은 행동을 구체적으로 소개해야 한다. 어떤 행동이 건강한 행동이고, 어떤 행동이 그릇된 행동인지를 동영상이나 전문가 초빙 강의를 통해 보여주며 진행하면 좋다. 또한 학기 중반이 되면 학급 내 분위기와 친구관계를 확인하기 위한 프로그램을 진행하는 것을 추천한다. 자기와 친한 친구가 누구인지 알아보는 활동을 하는 것도 좋은데, 그러다 보면 학급에서 따돌림을 당하는 친구가 누구인지 확인할 수 있다. 따돌림을 당하는 친구가 있고, 그 친구가 경계선 지능 학생이라면 따돌림을 당하는 학생을 위한 개별적 상담과 관심이 필요하고 특별 사회성 프로그램에 참여하도록 하는 것도 좋다. 학기 말에도 친구관계에 관한 특별 프로그램을 마련하는 것이 필요하다. 일종의 파티처럼 준비하는 것도 좋은데, 이때 학생들의 추천을 통해 한 학기 동안 크게 달라진 친구들에게 상을 주고 친구를 잘 돕고 배려하는 학생들도 역시 추천을 통해 상을 주면 좋다. 그리고 한 학기 동안 좋은 친구관계를 유지하기 위해 노력한 학급 구성원들을 서로 격려하고 칭찬하는 분위기를 조성하는 것도 좋을 것이다.

경계선 지능을 가진 학생들은 스스로 친구관계를 개선하는 데 어려움을 겪는다. 교사가 나서서 전체 분위기를 이끌고 다 함께 협력하는 분위기가 되도록 관심과 노력을 기울여야 한다.

– 학기 초 프로그램: 교사의 신념과 좋은 학급을 위한 친구관계에 대해 강의
– 학기 중반 프로그램: 따돌림 당하는 학생 파악하기
– 학기 말 프로그램: 종강파티, 배려하고 돕는 친구와 스스로 나아지려고 노력하는 친구에게 상 주기

쉬운 수업과 구체적인 수업 진행하기

경계선 지능 아동들은 이해력이 부족하고 주의집중 시간이 또래보다 짧다. 이 때문에 또래들과 한 학급에서 수업을 할 때 교사의 설명을 알아듣지 못하거나 주의깊게 듣지 못할 수 있다. 수업 내용을 어려워하는 이들을 위해서는 교사가 사전에 수업 준비를 하면서 '어떻게 하면 쉽게 설명할지'와 '무엇을 보여주면 이해를 잘할 수 있을지'에 대해 고민해야 한다. 물론 모든 교사들이 늘 하는 고민이겠지만, 조금 더 쉽고 구체적으로 설명하려고 노력해야 한다. 쉬운 수업을 위해서는 사전에 그날 배울 내용 중에서 새로 나온 어휘를 미리 조사해 오도록 하는 것도 좋다. 예습의 차원에서 미리 배울 것을 알아오도록 숙제를 내면 부모에게도 큰 도움이 될 수 있다. 만일 도움을 줄 부모가 없다면 공부방 선생님에게 도움을 청해도 좋을 것이다. 그러나 되도록 수업 중에 배울 내용을 소화할 수 있도록 교사가 사전에 쉬운 수업을 하기 위해 준비하는 것이 좋다.

개인적 관심 보여주기

경계선 지능을 가진 아동들은 순수하고 정이 많다. 이들은 어린아이처럼 관심받고 싶어 하고 인정받고 싶어 한다. 그러나 실제 생활에서 또래들과 동등하게 경쟁하고 비교될 때 이들이 관심받고 인정받을 수 있는 기회는

거의 없다. 이들을 위한 관심은 교사가 조금 더 신경을 써야 할 부분으로, 다른 친구들이 눈치채서 서운함을 느끼지 않도록 지나가면서 어깨에 손을 얹어주거나, 눈이 마주쳤을 때 미소를 지어주거나, 작은 심부름을 시키는 등 교사가 관심을 가지고 있음을 보여주어야 한다. 이들은 교사의 작은 관심에도 감동하고 좋은 학생이 되기 위해 노력할 것이다. 경계선 지능을 가진 아동들은 다른 유형의 아동들보다 더 교사의 관심에 보답하고자 하는 노력을 많이 한다. 교사가 이들에게 작은 관심과 인정을 보여준다면 이들은 그전에 비해 숙제를 더 잘 해 올 것이고, 수업 중에도 더 열심히 듣기 위해 노력할 것이다. 또한 학급에서도 좋은 학생이 되기 위해 모범적인 행동을 하려고 노력할 것이다. 작지만 결코 작지 않은 결과를 가져온다.

보충학습시간 운영하기

경계선 지능을 가진 아동들의 학업 습득 속도는 매우 느리다. 이들은 일대일 개인지도를 할 때는 곧잘 이해하면서도 집단으로 수업을 진행하거나 혼자서 공부하라고 하면 딴짓을 자주 한다. 그렇기 때문에 힘들지만 개인적으로 학습을 지도해줄 필요가 있다. 정규수업만으로는 수업을 따라가기 어렵다. 이들을 위한 보충학습시간의 운영은 교사가 직접 할 수도 있지만, 특별 보충학습 교실을 학교에서 운영하는 것도 좋을 것이다. 너무 긴 시간 동안 보충수업을 한다면 열심히 참석하지 않을 수 있기 때문에 되도록 짧은 시간으로 운영을 하여 뒤처진 학습을 보충해주어야 한다.

경계선 지능을 가진 아이와
함께 걷기

05

인지능력
향상시키기

경계선 지능을 가지고 있는 아이들은 평가를 받는 시점에서 또래보다 낮은 지능지수를 보인다. 경계선 지능을 가지고 있는 아이들중의 일부는 정상 지능을 가지고 태어났음에도 불구하고 평가를받는 시점에선 자신의 선천적 능력보다 낮은 지능지수를 보인다.대부분의 경계선 지능을 가지고 있는 아이들은 선천적으로 낮은지능을 가지고 태어나지만, 일부 아이들은 출생 이후 여러 가지 이유로 인해 낮은 지능을 갖게 된다.

경계선 지능 아동의
인지능력

 전형적인 경계선 지능 아동

우리나라에서 일반적으로 사용하는 지능검사는 웩슬러 지능검사이다. 웩슬러 지능검사는 아래 〈그림 3〉처럼 다양한 하위 검사(소검사)들을 평가함으로써 지능지수를 산출한다.

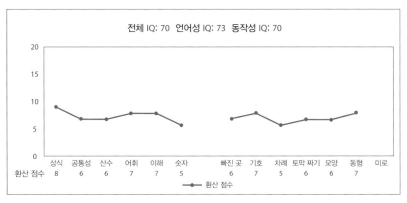

전체 IQ: 70 언어성 IQ: 73 동작성 IQ: 70

	상식	공통성	산수	어휘	이해	숫자	빠진 곳	기호	차례	토막 짜기	모양	동형	미로
환산 점수	8	6	6	7	7	5	6	7	5	6	6	7	

━●━ 환산 점수

〈그림 3〉 전형적인 경계선 지능 사례

그래프상에서 각각의 하위 점수들의 최고점은 20점이고, 최하위점은 0점이다. 또한 10점의 위치들은 각 소검사 점수들이 평균 점수를 나타내고 있음을 나타낸다.

〈그림 3〉에서 본 것처럼 경계선 지능을 가지고 있는 아이들의 지능검사 분포를 살펴보면 공통성 점수를 제외한 대부분의 점수들이 5점에서 8점대에 분포한다는 것을 알 수 있다. 경계선 지능을 가진 아이들은 대체로 고르게 평균보다 조금 아래의 점수를 보인다. 이는 특별히 잘하는 것도 지나치게 못하는 것도 없음을 보여주는 것이다.

학습장애로 인한 경계선 지능 아동

학습장애로 인해 경계선 지능을 나타내는 아동들은 앞서 고른 분포를 나타내는 아동들과는 다른 양상을 보인다. 학습장애를 가진 경우에는 아래 〈그림 4〉에서와 같이 점수들이 1점에서 15점 사이에 걸쳐 매우 불규칙하

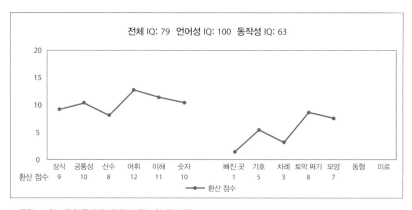

〈그림 4〉 학습장애로 인해 경계선 지능이 된 사례

게 분포하는 특징을 보인다. 이는 잘하는 것과 못하는 것 사이의 차이가 지나치게 크고 불균형해서 자신의 장점이 잘 발휘되지 않는 경우이다.

대부분의 인지 관련 심리치료 전문가들은 경계선 지능 아동들이 일반 아동보다 인지능력이 조금만 낮은 정도이고 장애군에 속하지 않는다는 점에서 매우 희망적인 편이라고 말하지만, 실제로는 그래프에서 본 바와 같이 특정 영역이 아니라 대부분의 영역에서 보완되어야 하기 때문에 결코 쉽지 않은 노력이 요구된다. 거의 모든 영역에서 가르치고 도와주어야 해서, 도움의 손길이 많이 필요하다.

후천적인 경계선 지능 아동

돌봄이 부족하거나 환경적인 결손이 있는 가정의 아이들은 선천적인 경계선 지능 혹은 전형적인 경계선 지능을 가진 아이들과는 매우 다르다. 이들은 정상 지능을 가지고 태어났으나, 환경적인 뒷받침이 매우 부족하여 경계선 지능이 된 경우이다. 이들의 지능검사의 분포로 볼 때 다른 영역에 비해 언어적인 영역의 점수들이 매우 낮다.

K-WISC-III의 지능검사 결과를 토대로 전형적인 경계선 지능을 가지고 있는 아이들의 특징을 살펴보면, 소검사 점수들이 대개 5~8점 사이에 분포를 하며 언어성 지능 점수와 동작성 지능 점수 간에 큰 차이를 보이지 않는다.

그러나 환경적 결손으로 인한 경계선 지능을 가진 경우에는 아래 〈그림 5〉와 같이 동작성 지능은 평균 정도의 점수(95점)를 보임에도 언어성 지능(57점)은 지적장애 수준을 보이는 경우가 많다.

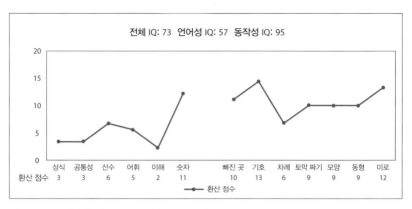

<그림 5> 환경 결손으로 인한 초등학생 경계선 지능 사례

일반적으로 생의 초기에 학습적 · 정서적 환경에서 자라난 아동의 지능 검사 결과에서는 상식과 어휘 점수가 낮게 나오는 경우가 많다. 초기에 학습에 대한 자극의 부족으로 인해 언어이해와, 언어표현능력이 발달하지 못하고, 학교 학습에 필요한 주의력 및 기억능력 등 기초인지능력을 갖추지 못하게 되었음을 보여준다. 언어이해와 언어표현능력의 미발달은 단순히 의사소통의 문제로 끝나지 않고 친구관계, 어른들과의 관계, 관습적인 도덕의 이해 등에 크게 영향을 끼치고, 친구 사이나 학교생활이 원만하지 못함으로 인해 2차적으로 정서불안과 갈등, 스트레스를 크게 경험하게 되어 전반적인 가정생활과 학교생활이 어렵도록 만든다. 다행스럽게도 동작성 지능의 경우 일반 아이들과 비슷한 정도로 발달해 있는 경우가 많아서 익숙하고 편안한 환경에서는 큰 어려움이 없이 생활할 수 있다. 낯설고 자신에 대한 배려가 잘 이루어지지 않는 상황에서는 문제해결력이 부족하지만, 늘 만나는 사람들과의 생활에서는 큰 어려움이 없다.

　　　　　　　　　　　　　　　　2부. 경계선 지능을 가진 아이와 함께 걷기

경계선 지능 아동의 인지발달 공통 특성

언어발달이 또래보다 느리다

경계선 지능을 가진 아이들은 영유아기부터 언어발달이 또래보다 느리다. 또한 학령기가 되어도 또래 정도의 언어발달 수준에 도달하지 못한다.

- 발음상의 결함을 보이기도 한다.
- 사용할 수 있는 어휘의 수가 절대적으로 부족하다.
- 사용하는 문장이 짧고 지나치게 단순하다.
- 친구에게 말을 할 때 적절한 낱말을 머릿속에서 찾아내지 못한다.
- 말보다는 몸짓이나 동작으로 표현하기도 한다.
- 다른 사람들이 하는 말을 이해하지 못한다.
- 대화를 할 때 접속사, 형용사, 부사 등을 많이 사용하지 않는다.

논리적 사고능력이 부족하다

경계선 지능을 가진 아이들은 생각을 논리적으로 표현하는 데 어려움을 보인다. 사건의 순서나 인과관계, 앞으로 벌어질 상황 등을 순서적으로 생각하기 어려워한다. 또한 상황에서 가장 중요한 핵심이 무엇인지를 이해하는 것도 어려워한다. 논리적 이해가 전혀 불가능한 것은 아니지만 하나씩 차근차근 짚어주어야만 이해하는 것이 가능하다. 스스로 논리적으로 이해하여 말로 표현하거나 문제를 해결하는 것이 어렵다.

- 일의 순서를 정하는 것을 어려워 한다.

- 사건의 전후를 이해하는 것을 어려워한다.
- 앞으로 다가올 상황이나 결과를 예측하기 어려워한다.
- 복잡하게 섞여 있는 것들을 정리하여 생각하는 것을 어려워한다.
- 전체를 이해하지 못하고 부분만을 이해한다.

복잡하게 보이는 상황이나 교과서의 문제는 경계선 지능을 가진 아이들이 가장 싫어하는 것이다. 이들은 단순하고 쉬워 보이는 것을 좋아하고, 실제로 복잡한 것이 아닌데도 보기에 복잡해 보이는 것은 아예 생각조차 하기 싫어한다. 복잡성에 대한 부담감을 떨쳐내지 못하는 것이다.

주의집중시간이 매우 짧다

경계선 지능을 가진 아이들의 주의집중력은 기복이 있는 편이다. 집중을 잘할 때도 있고 집중을 전혀 못할 때도 있다.

- 누군가가 옆에 앉아서 집중하도록 도움을 줄 때는 제법 길게 집중할 수 있다.
- 혼자서 무엇을 해야 할 때는 주의집중시간이 10분도 안 될 때가 있다.
- 자신이 해본 적이 있는 과제를 할 때는 자신감이 넘치고 주의집중시간도 길어진다.
- 과제물이 실제로 어렵지 않아도 보기에 복잡해 보이면 주의집중을 거의 하지 못한다.

경계선 지능을 가진 아이들의 주의집중시간은 기질적으로 짧은 부분도 분명히 있지만, 동기적인 부분도 상당 부분 영향을 주는 것으로 보인다. 자신이 할 수 있다고 느끼면 동기가 높아져서 주의집중시간이 길어지고, 할 수 없다고 생각이 되면 주의집중을 좀처럼 할 수가 없는데, 이는 단순히 하기 싫은 것과는 다르게 주의집중에 대한 통제능력이 급격히 떨어지기 때문이라고 여겨진다.

경계선 지능을 가진 아이들은 어려서부터 성장하는 과정에서 많은 실패를 경험한다. 반복된 실패는 학습된 무기력을 유발하고(샐리그만), 무기력은 과제에 대한 동기에 영향을 주게 되어 사소한 과제에 대해서도 자기가 못할 것으로 예상되는 과제는 급격히 동기가 낮아지고, 이로 인해 주의집중이 어렵게 되는 결과로 이어진다. 보통 가정에서는 이러한 상황을 '공부하기 싫어서'라고 이해하고 야단을 치거나 격려하여 동기를 높이고자 하는데, 실제로는 과제 난이도에 대한 판단이 주의집중의 어려움으로 이어진다고 보아야 한다. 회피, 포기, 동기저하가 주의집중에 영향을 끼치는 것이다.

기억력이 부족하다

경계선 지능을 가진 아이들은 메시지를 잘 기억하지 못한다. 그러나 실제 또래 아동의 기억력과 경계선 지능을 가진 아이들의 기억량을 비교했을 때 큰 차이를 보이지는 않는다. 다만 경계선 지능을 가진 아이들은 주의력이 과제 난이도나 정서 상태에 따라 기복이 있기 때문에 많이 흥분하거나 싫증이 난 상태에서는 주의집중력이 매우 떨어지게 되고, 이로 인해 교사가 보여준 교과내용이나 부모가 전달한 메시지를 건성으로 보고 듣는 상황이 생길 수 있다. 대충 주의집중하여 받아들인 정보는 오랫동안 유지하지 못하고 쉽게 잊혀진다. 따라서 경계선 지능을 가진 아이들에게 어떤 메시지를 전달하고자 할 때에는 이들이 주의깊게 듣거나 보았는지를 재확인해 보는 것이 좋다.

전략적 사고를 하지 않는다

전략적인 사고는 기억을 더 잘 하고자 할 때나, 주어진 문제를 효과적으로 해결하고자 할 때 사용하는 방법이다. 예를 들어 사과, 비행기, 딸기, 자동차를 잘 기억하기 위해 자동차와 비행기를 따로 묶고, 사과와 딸기를 따로 묶어서 외운다면 기억을 잘하기 위한 전략을 사용하는 것이다. 경계선 지능을 가진 아이들은 기억을 잘하기 위해 전략을 자발적으로 세우지 않는다. 전략적 사고는 수학이나 어려운 문제를 해결하기 위해 그림을 그리거나 도구를 사용할 때에도 사용된다. 그림이나 도구는 전략적 사고를 하고 있다는 증거이다. 그저 암산을 하거나 공식만 사용하는 것보다는 그림을 그려보는 것이 보다 효과적으로 수학문제를 푸는 방법이고, 어려운 문제를 단순히 상상력으로 해결하는 것보다는 도구를 이용하는 것이 더 빠르고 쉽게 문제를 해결하는 길이다. 경계선 지능을 가진 아이들은 자신에게 어려운 문제가 주어지면 회피하려는 반응을 먼저 보일 뿐, 그림을 그려보거나 새로운 도구를 사용하여 해결하고자 하는 시도를 잘하지 못한다. 물론 반복적으로 도구 사용을 연습한다면 가능하기는 하겠지만, 몇 번의 가르침이 있어도 도구나 그림 등의 전략을 잘 사용하지 못한다.

정보처리속도가 느리다

경계선 지능을 가진 아이들은 기본적으로 정보처리속도가 느리다. 어떤 상황을 이해하고 판단하기 위해 스스로 생각할 때 오랜 시간이 걸린다. 교사가 설명한 내용을 받아들이고 이해하는 것이 느리다는 말이다. 주변 사람들이 보기에 멍청해 보이기도 하고, 답답해 보이는 이유는 바로 이들이 생각하는 속도가 느리기 때문이다. 시간을 두고 자기 생각을 말해 보라고 하면 어느 정도 말을 하지만 빠른 속도로 야단을 치면서 아이에게 생각을 말로 해보라고 하면 꿀 먹은 벙어리가 되는 이유이기도 하다. 경계선 지능을 가진 아이들은 생각하는 속도가 느리기 때문에 다른 사람들에게 적절한 반응을 보이기 어렵고, 상황에 대해 빨리 이해할 수 없다.

눈과 손의 협응 능력이 서툴다

눈과 손의 협응력은 연필을 쥐고 글씨를 쓰거나 가위로 종이를 자를 때 필요한 신체 협응 능력이다. 눈과 손의 협응 능력은 학습에 필요한 신체조절이 가능하도록 뇌가 명령하고 수행하는 과정에서 발휘된다. 경계선 지능을 가진 아이들은 눈과 손의 협응 능력이 서툴러서 다음과 같은 특징을 나타낸다.

- 연필을 종이에 지나치게 꾹꾹 눌러서 쓴다.
- 연필을 쥐고 글씨를 오래 쓰기 어려워한다.
- 색종이를 모서리가 일치하도록 접는 것을 어려워한다.
- 가위질이 서툴러서 원하는 모양으로 깨끗하게 오리는 것을 어려워한다.

사물이나 상황들 간의 연관성을 잘 파악하지 못한다

사물이나 상황들 간의 연관성을 이해하기 위해서는 사물들 간의 비슷한 점과 다른 점을 구분해야 한다. 또 반복적인 상황이나 사물에 대해서는 변화의 규칙을 알아내야 한다. 유사점과 차이점에 대한 이해, 변화 규칙에 대한 이해, 추리 등이 요구된다. 경계선 지능을 가진 아이들은 사물이나 상황에 대하여 민감하게 파악하지 못하여 다음과 같은 특성을 나타낸다. 아래 그림들을 참고하면 쉽게 알 수 있다.

- 크기, 모양, 길이 등을 기초로 사물들 간의 차이점과 유사점을 쉽게 구분하지 못한다.
- 규칙적으로 정리되어 있는 사물들이 어떤 변화 특성을 나타내는지 파악하지 못한다.
- 연속해서 일어나는 상황들이 서로 어떤 연관성을 가지는지 이해하지 못한다.

<그림 6> 차이점과 유사점

<그림 7> 변화 규칙

지시: 다음의 그림이 어떤 상황인지 말해보자.

〈그림 8〉 상황 그림

　연관성에 대한 이해는 시각적 민감성이 떨어지는 이들의 특성이기는 하지만 반복적인 연습을 통해 쉽게 습득할 수 있다.

인지능력을
향상시켜야 하는 이유

낮은 지능은 단순히 지적인 영역에서만 문제가 되는 것이 아니라, 친구 관계, 신체활동, 의사소통, 학교생활 전반에서 문제가 될 수 있다. 그들의 낮은 지능은 친구관계나 학교생활에서 당연히 지켜야 할 규칙이 왜 필요한지 이해하지 못하게 하는 원인이 되며, 또래들이 마땅히 알고 있는 낱말이나 문장규칙을 잘 습득하지 못하도록 만듦으로써 사람들과 대화하는 데 어려움을 겪고, 사람들이 이야기하는 내용을 잘 이해하지 못해서 크고 작은 실수를 하게 만든다.

경계선 지능을 가진 아이들은 학습뿐만 아니라 사람들과의 상호작용에서 필요한 기본적인 것들을 배워갈 수 있도록 반드시 인지능력을 향상시켜야 한다. 이들에 대한 인지능력 향상 프로그램은 더 많은 친구를 사귈 수 있도록 해주고, 자신이 관심을 갖는 분야에서 큰 어려움 없이 능력을 발휘할 수 있도록 해줄 것이다.

인지능력 향상 프로그램은 단기적으로 1~2년 만에 완성되는 것이 아니다. 기본적인 인지능력을 향상시킨 후에는 성인이 될 때까지 꾸준하게 사고능력을 향상시키기 위한 노력을 해야 한다.

대인관계를 개선하기 위해

경계선 지능을 가진 아이들은 대체로 순진하고 사람 사귀기를 좋아한다. 그러나 안타깝게도 경계선 지능을 가진 아이들은 언어이해력이나 표현력이 부족해서 대인관계를 원활하게 이어나가기가 어렵다. 주의력이 부족하여 다른 사람들이 하는 말을 잘못 이해하기도 한다. 또한 전략적 사고가 어려워서 함께 게임을 하거나 복잡한 상황에 대해 의논하기도 어렵다.

사람들을 사귈 때 처음에는 다른 사람들이 잘 눈치 채지 못하지만 어느 정도 시간이 지나면서 자신들과 다르다는 것을 깨닫게 되면서 경계선 지능을 가진 아이들을 이상하게 보거나 무시하는 경우가 생기기도 하고, 자연스럽게 따돌림으로 이어진다. 특히 친구관계에서 동등한 관계로 받아들여지기보다는 쉬운 대상이라는 생각이 들면서 성격이 나쁜 친구들은 심부름을 시키거나 놀리거나 무시하는 욕을 하는 경우가 생겨나기도 한다.

부모나 교사와의 관계에서도 주의집중력과 기억력이 나빠서 몇 번을 설명해도 잘 기억하지 못하거나 같은 잘못을 반복하게 되어 자꾸만 야단을 맞는 상황이 생겨나기도 한다.

이들의 착하고 순한 심성이 인지능력 부족으로 인해 이해받지 못하고 구설수에 휘말리거나 나쁜 친구들의 괴롭힘을 당한다면 크나큰 상처가 될 수 있다.

🌱 학습을 위해

소근육 협응 및 조절(손가락을 정교하게 이용하는 능력)은 학습, 특히 글씨를 쓰고 작품을 만드는 과정에서 꼭 필요한 능력이다. 또한 정보처리 속도도 교사가 설명하는 내용을 잘 습득하기 위해 어느 정도 빠르게 진행되어야 한다. 주의력이나 논리적 사고도 그러하다. 인지능력이 부족하다면 학습을 또래 수준으로 진행하는 것이 어렵다. 학습에 많은 시간을 보내는 우리나라의 현실에서 학습부진은 자신감 부족이나 위축으로 연결되고, 무엇인가 새롭게 도전하여 잘 해보고자 하는 의욕이나 동기에도 부정적인 영향을 끼쳐 삶의 활력이 없는 아이가 될 수 있다.

🌱 진로 및 직업생활을 위해

경계선 지능을 가진 아이들도 청소년기가 지나면 자신의 진로를 정하고 직업생활에 대해 생각하게 된다. 인지능력의 향상은 직업생활을 원만하게 해나가는 밑거름이면서 원만한 조직생활의 기초가 된다. 자신에게 주어진 일을 잘 기억하고 상황에 적절하게 수행할 수 있는 능력을 갖추기 위해서 어느 정도의 인지능력이 발달되어야 하는데, 이는 주변의 도움을 통해 어느 정도 가능하다. 물론 인지능력만 향상된다고 다른 능력이 저절로 향상되는 것은 아니지만, 인지능력의 향상 없이는 다른 능력이 향상되기 어렵다.

인지능력
향상 프로그램

경계선 지능을 가진 아이들의 인지능력은 전반적으로 낮다. 기억력, 주의력뿐 아니라 개념적 이해 등도 낮다. 또한 언어능력도 또래에 비해 현격히 낮아서 이를 도와줄 수 있는 향상 및 촉진 프로그램이 필요하다.

인지능력의 향상은 아래 표와 같이 진행하는 것이 도움이 된다.

기초인지능력 향상 프로그램	언어발달 촉진 프로그램
1단계: 소근육 협응 및 조절 능력 기르기 　① 자르기 　② 도형 모방하여 그리기	1단계: 어휘와 기억 　① 어휘 습득하기 　② 낱말 기억하기
2단계: 주의집중 및 정보처리속도 늘리기 　① 같은 모양 찾기 　② 패스트 게임	2단계: 어휘와 개념 형성 　① 어휘의 확장 　② 개념 활동(구체적 수준, 기능적 수준, 　　추상적 수준)

3단계: 사물들 간의 연관성 이해하기 　① 사물들 간의 유사점과 차이점 　② 변화의 규칙 이해하기 　③ 기본 추리능력 기르기	3단계: 상황과 말하기 　① 스토리그래머 익히기 　② 순서대로 말하기 　③ 인과관계 말하기
4단계: 기억과 실행기능 기르기 　① 순행기억과 역행기억 　② 기억전략의 선택	

기초인지능력 향상 프로그램

　경계선 지능을 가진 아이들의 인지능력이 전반적으로 낮기는 하지만, 시공간능력이나 청각구성능력 등 매우 초보적인 감각정보처리능력이 부족한 것은 아니다. 따라서 지적장애 아동들에게 일반적으로 제공되는 시공간 훈련이나 청각적 구성 훈련을 이들에게 제공할 필요는 없다. 오히려 학습에 직접적으로 영향을 끼치는 '소근육 협응 및 조절능력'을 무엇보다 먼저 익혀야 한다. 가위질, 글씨 쓰기, 그리기, 접기 등에 필요한 운동기술이지만 소근육 협응 및 조절 능력이 잘 발달되지 않으면 학습의 속도가 매우 느려져서 자신의 잠재적 인지능력마저도 잘 표현하기 어렵다.

1단계: 소근육 협응 및 조절 능력 기르기

　자르기, 따라 그리기, 색칠하기, 모방하기, 블록 쌓기와 같이 손가락의 움직임을 이용하는 활동은 모두 소근육 협응 및 조절을 위한 활동이다. 경계선 지능을 가진 아이들의 경우 소근육 협응 및 조절활동이 '물건 바르게 놓기'나 '손가락으로 물건을 들어서 옮기기'와 같은 매우 기초적인 능력이 부족한 것은 아니고, 글씨 쓰기와 가위질하기 등에서 요구되는 정도에서 어려움을 보인다. 따라서 본 프로그램에서는 자르기와 도형을 모방하여 그리기 정도만 훈련하면 된다.

① **자르기:** 가장 간단한 자르기는 종이 한 장에 직선, 곡선, 지그재그 선을 그려놓고 자르도록 하는 것이다. 직선의 경우 손가락을 벌렸다가 오므렸다가 하는 손가락 근육 조절능력의 향상에 도움이 되고, 곡선이나 지그재그의 선은 두 손을 마주잡고 종이를 자르기 위해 서로 협력하는 능력, 즉 양측 협응 능력을 향상시키는 데 도움이 된다.

기본적인 자르기 훈련을 마쳤다면, 색종이를 접어서 재미있는 모양으로 접어서 오리기, 종이로 인쇄된 종이인형 오리기 등을 해보면서 보다 복잡한 형태의 자르기를 연습할 수 있다.

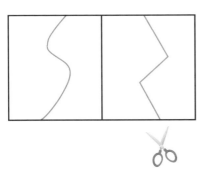

〈그림 9〉 종이 위에 그려진 직선, 곡선, 지그재그 선 자르기

〈그림 10〉 색종이 접어 오리기

② **도형 모방하여 그리기:** 예시로 주어진 도형을 모방하여 그려보는 것은 '연필을 쥐는 능력', '연필을 쥐고 힘을 일정하게 유지하는 능력', '시각적 대상을 변별하여 그대로 옮기는 능력' 등을 기르게 한다. 도형을 모방하여 그리는 과정은 먼저 [형태 모방] → [점의 연결]의 순서로 진행한다.

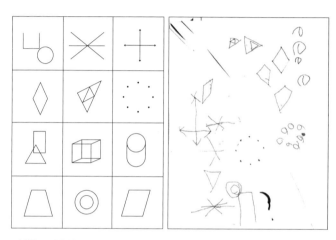

〈그림 11〉 형태의 모방

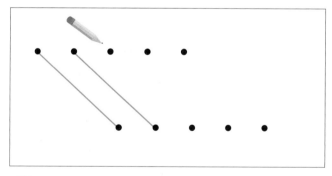

〈그림 12〉 점의 연결

2단계: 주의집중 및 정보처리속도 늘리기

주의집중은 어떤 대상이나 사물, 상황에 대하여 생각의 초점을 맞추는 것을 말한다. 주의집중이 어려운 아이들은 주의가 산만하고 불필요한 자극에 관심을 돌리거나 질문을 하며, 학습에 대한 생각을 오래하지 못하여 학습 태도가 나빠진다. 눈앞에 있는 대상이나 머릿속에 떠오르는 것에 대해서 집중할 수 있다는 것은 어느 정도의 시간 동안 생각을 할 수 있다는 것을 의미한다. 거꾸로 말하면 주의집중을 하지 못한다면 일정한 시간 동안 어떤 대상에 대한 생각을 차분하게 하기 어려우므로, 산만한 상태가 되어 생각 없이 즉흥적으로 행동하게 된다. 주의집중 훈련을 위해서는 '같은 모양 찾기'와 같은 활동이 도움이 된다.

① **같은 모양 찾기:** 같은 모양 찾기는 비슷하게 보이는 대상들 속에서 목표로 하는 대상을 골라내는 활동이다.

〈그림 13〉 같은 모양 찾기

② **패스트 게임:** 빠르게 찾아내는 활동은 정보처리속도를 높이는 데 도움이 된다. 정보처리속도가 또래에 비해 느린 경우, 주어진 시간에 과제를 해내기 어려워서 산만하다는 평가를 듣거나 이해력이 부족하다는 평가를 받을 수 있다. 정보처리속도는 민첩하게 눈으로 탐색하는 능력과 순간적인 판단을 내리는 능력이 요구되기 때문에 패스트 게임을 반복하는 것이 도움이 된다.

3단계: 사물들 간의 연관성 이해하기

경계선 지능을 가진 아이들은 복잡한 사고를 하는 것에 어려움을 겪는다. 사물들의 특징을 관찰해서 이들 간의 특징을 연관 지어 생각하는 것을 어려워한다. 또한 이들에게는 이전부터 가지고 있던 지식과 새롭게 학습한 대상을 연관 지어 생각하는 것도 어려운 일이다. 사물들 간의 연관성을 찾아낼 수 있는 것은 이해능력이 좋다는 것을 의미하며, 경계선 지능을 가진 아이들은 낮은 이해력으로 인해 사물들 간의 유사점과 차이점을 구분하는 데 제약이 있기 때문이다.

① **사물들 간의 유사점과 차이점:** 여러 가지 사물이 있을 때 이들 간의 유사점이나 차이점을 찾기 위해서는 몇 가지 기준이 필요하다. 크기, 모양, 길이, 색깔과 같은 구체적인 특성(물리적 특성)이나 주방, 거실, 화장실과 같은 공간적 특성, 교통수단, 주방용품, 문구 등과 같은 기능적 특성과 과일, 동물, 자연, 친척, 직업 등과 같이 사람들이 임의적으로 묶어서 이름을 붙인 추상적 수준과 같은 기준을 가지고 있어야 한다.

문제 1: 다음을 같은 모양을 가진 것끼리 묶어보세요.

　　① 피자　② 도넛　③ 칠판　④ 태극기

문제 2: 다음 중 같은 장소에서 볼 수 있는 것끼리 묶어보세요.

　　① 수건　② 비누　③ 도마　④ 꽃병

문제 3: 다음 중 쓰임새가 같은 것끼리 묶어보세요.

　　① 연필　② 풀　③ 가위　④ 수건

문제 4: 다음 보기는 어떤 기준으로 묶어놓은 것인가요?

　　의사, 경찰, 농부, 요리사

　　① 장소　② 쓰임새　③ 직업　④ 모양

② **변화의 규칙 이해하기:** 일렬로 배치된 대상들을 보면서 일정한 규칙을 찾아내는 활동은 사물들 간의 연관성을 찾아내는 또 다른 방법이다. 단순하게 유사점과 차이점을 비교하는 것에 비해 쉽게 눈에 띄지 않는 특성을 찾아내야 하기 때문에 보다 추상적인 능력이 요구된다.

〈그림 14〉 물 높이의 변화

③ **기본 추리능력 기르기:** 추리는 주어진 대상들 간의 관계를 이해하여 새로운 답을 도출해낼 수 있는 능력을 말한다.

문제: 다음의 (　) 안에 들어갈 사물의 이름을 적어보자.

국자 : 요리사 = 주사기 : (　　　　) / 간호사, 경찰관, 요리사

4단계: 기억과 실행기능 기르기

기억능력과 실행기능은 더 높은 수준의 인지발달을 이루기 위해 필수적인 요소이다. 기억능력은 보거나 들었던 것을 머릿속에 일정한 시간 동안 담아두는 것이고, 실행기능은 머릿속에 들어 있는 것(정보)들을 정리하고 내보내며 관리하는 기능을 수행하는 것이다. 실행기능은 머릿속에 정보를 잘 기억하기 위해 전략을 선택하는 과정이나 문제가 주어졌을 때 어떤 정보를 선택하는 것이 문제 해결에 도움이 되는지를 결정하는 과정에서도 작동하는 능력이다. 경계선 지능을 가진 아이들은 기억능력과 실행기능의 한계로 인해 학교나 가정에서 배운 것들을 잘 기억해서 적절하게 사용하는 데 어려움을 겪는다.

① **순행기억과 역행기억:** 순행기억은 들은 것을 들은 순서대로 기억하는 것을 말하고, 역행기억은 들은 것을 거꾸로 기억하는 것을 말한다.

숫자: 5-2-7-1-4

순행기억: 5-2-7-1-4

역행기억: 4-1-7-2-5

② **기억전략의 선택:** 기억전략은 많은 수의 대상들을 효과적으로 기억하기 위해 주어진 대상을 어떤 기준으로 나누어서 기억하는 활동을 말한다. 예를 들어 장소를 기준으로 기억하거나, 둘씩 혹은 셋씩 묶어서 기억하거나, 앞 글자만 따서 기억하거나 하는 방법을 사용하는 것이다.

문제: 다음을 기억하기 쉽게 묶어서 외워봅시다.

시계, 주전자, 집게, 소파, TV

기억전략의 사례: 부엌에서 볼 수 있는 것(주전자, 집게)

거실에서 볼 수 있는 것(시계, 소파, TV)

언어발달 촉진 프로그램

경계선 지능을 가진 아이들은 언어발달이 또래에 비해 많이 뒤떨어진다. 심한 경우에 발음이 어눌한 경우도 있다. 보통은 사용하는 어휘가 적고 문장표현도 지나치게 짧고 간단하여 자신의 생각을 다른 사람에게 편안하게 표현하는 것뿐만 아니라, 다른 사람들이 하는 말을 이해하는 것도 어려워한다. 경계선 지능을 가진 아이들은 일상생활과 학습을 통해 부족한 어휘의 양을 늘리고, 다양한 방식으로 말하는 법을 배워야 한다.

1단계: 어휘와 기억

한 사람이 사용하는 어휘 수준은 그 사람의 이해 수준과 거의 같다고 볼 수 있다. 상대방이 사용하는 어휘가 무엇을 뜻하는지 알기 위해서는 듣는 사람 머릿속에 같은 어휘가 존재해야 하기 때문이다.

① **어휘 습득하기:** 어휘는 그 낱말이 무엇을 뜻하는지 설명할 수 있어야 만 한다.

문제: '모자'는 무엇입니까?
→ 모자는 햇빛을 가리거나 머리를 보호하기 위해 머리 위에 쓰는 것입니다.

② **낱말 기억하기:** 들었던 낱말을 머릿속에 담아두지 못한다면 그 낱말은 아무런 쓸모가 없다. 따라서 가정과 학교에서 들었던 낱말을 잘 기억할 수 있는 기본능력이 요구된다.

문제: 다음 낱말을 한 번 읽고, 종이를 덮은 뒤 무엇을 읽었는지 말해보세요.
자전거, 잠수함, 요리사, 햄스터, 버섯

2단계: 어휘와 개념 형성
① **어휘 확장:** 어휘 확장은 주어진 낱말을 보고 그 낱말을 근거로 생각나 는 다양한 낱말들을 떠올려보는 활동이다.

문제: '장갑'이라는 어휘를 듣고 떠오르는 것을 자유롭게 말해보세요.

② **개념 활동(구체적 수준, 기능적 수준, 추상적 수준):** 개념 활동은 여러 가 지 대상들을 다양한 기준으로 분류하여 공통성을 말로 표현하는 활동이다.

2부. 경계선 지능을 가진 아이와 함께 걷기

구체적 수준으로 분류하는 것은 모양, 크기, 길이 등의 눈에 보이는 특성으로 구분하는 것이고, 기능적 수준으로 분류하는 것은 교통수단, 주방기구 등 쓰임새에 따라 분류하는 것이다. 추상적 수준으로 분류하는 것은 식물이나 동물 등 눈에 보이지 않거나 학문적 정의에 따라 분류하는 것이다.

> **문제 1: 동그란 것을 3개 말해보세요.**
> **문제 2: 식물을 3개 말해보세요.**
> **문제 3: 주방기구를 3개 말해보세요.**

3단계: 상황과 말하기

경계선 지능을 가진 아이들은 상황에 대한 판단력이 또래보다 부족하고 각 상황에 적절한 언어표현을 하는 데 서투르다. 상황에 대한 이해와 언어표현은 학습에서뿐만 아니라 대인관계에서도 필수적인 요소이므로 상황에 대한 이해와 적절한 언어표현 방법을 익힐 필요가 있다.

① **스토리그래머 익히기:** 스토리그래머는 전래동화와 같은 이야기글이 가지고 있는 논리적 구조를 말한다. 시간적 배경(옛날에), 공간적 배경(어떤 마을에), 등장인물(공주가 살았다), 원인사건(마녀가 공주에게 독이 든 사과를 먹였다), 전개(왕자가 나타나서), 결과(키스를 하여 공주를 구했다), 마무리(공주와 왕자가 결혼을 했다)의 구조가 스토리그래머이다. 이러한 논리적 구조는 상황판단력을 갖는 데 큰 도움이 된다.

그림을 보고 시간적 배경, 공간적 배경, 등장인물, 원인사건, 전개, 결과,

마무리가 다 들어가도록 이야기를 말해보자.

<그림 15> 흥부가 박을 탔더니 금은보화가 쏟아지는 장면

시간적 배경:

공간적 배경:

등장인물:

원인사건:

전개:

결과:

마무리:

② **순서대로 말하기:** 순서를 기억해서 차례로 말하기는 논리적 사고와 유창성이 요구되는 활동이다. 미리 순서를 정해놓고 이야기를 하도록 함으로써 논리적으로 말하는 것과 계획에 따라 유창하게 말하는 것을 연습할 수 있다.

2부. 경계선 지능을 가진 아이와 함께 걷기

친구들 앞에서 나를 소개해보자.

(1) 내 이름

(2) 내가 태어난 곳

(3) 내가 좋아하는 음식

(4) 내가 아끼는 물건

(5) 장래 희망

<그림 16> 친구들 앞에서 자기소개하기

③ **인과관계 말하기:** 원인과 결과를 연결하여 말하는 능력은 논리적 사고와 추론적 사고를 할 수 있는 기초능력이다. 그림을 보면서 원인과 결과를 찾아보고, 원인과 결과를 연결하여 한 문장 혹은 두 문장으로 말하는 연습을 할 수 있다.

<그림 17> 인형을 떨어뜨리고 울고 있는 여자아이

원인: 결과:

한 문장으로 말해보기: _____ 해서 _____ 하다.

두 문장으로 말해보기: _____ 했다. 그래서 _____ 하다.

_____ 했다. 왜냐하면 _____ 했기 때문이다.

꾸준한 학습 지도가
필요한 이유

발달적 특성과 인지적 특성 부분에서 이미 언급한 바와 같이, 경계선 지능을 가진 아동은 인지 기능의 결함, 사회인지 기능의 부족과 비효율성, 정서 행동적 문제, 사회성 부족 등의 주요한 문제들을 갖고 있다. 특히 학령기 아동에게는 학습의 문제가 학교생활에 많은 영향을 미치므로 스스로 학습할 수 있는 방법에 대해 지도하는 것이 필요하다. 학습에 대한 자신감과 부족한 학업성취능력은 학교와 또래 간의 상호작용 및 정서적 만족감, 그리고 행복감에 부정적인 영향을 미치기 때문이다. 따라서 본 장에서는 경계선 지능을 가진 아동을 위한 학습 영역을 학습치료적 접근에서 간단히 살펴보고, 도움을 줄 수 있는 프로그램에 대해 소개하겠다.

경계선 지능 아동이 보이는
학습의 특징

학습을 위해서는 앞장의 인지 지도에서 다루었던 기초 인지과정인 주의, 지각, 표상, 기억의 과정이 안정적으로 발달되어 있어야 한다. 인지과정의 토대 위에 듣기, 말하기, 주의집중, 지각, 기억 및 문제 해결을 포함한 학습 기능과 읽기, 쓰기, 수학을 포함한 학업성취 부분을 중심적으로 다루는 것이 학습치료 영역이라고 볼 수 있다. 경계선 지능을 가진 아동은 기초 인지과정과 학습의 과정에서 동시에 어려움을 겪을 수 있기 때문에 학습 지도의 경우에 인지과정과 학습과정의 개입이 함께 이루어지는 것이 바람직하다.

우선 학습치료에서 다루는 영역에 있어서 경계선 지능을 가진 아동이 보이는 특징을 살펴보면 다음과 같다. 여러 영역들 중에 주의집중력과 지각을 포함한 하위 영역은 인지과정에서도 중요하게 다룬 바 있다. 학습치료를 위한 기본 인지과정은 동시에 고려되어야 하기 때문에 다시 소개한다.

🌱 주의력과 집중력(attention & concentration)

　주의집중력이란 정신적 활동에 집중하는 것을 말하며 이것은 우리가 특정 환경의 선택적 주의집중을 할 수 있도록 도와주는 능력이다. 시각적 주의집중과 청각적 주의집중 능력이 있다. 경계선 지능을 가진 아동의 경우에는 주의 폭이 짧고 쉽게 집중이 흐트러져 한 과제에 몰입하는 시간이 짧다.

🌱 정보처리과정(information Processing)

　정보처리과정이란 정보를 부호화하고 저장하고 인출해내는 과정을 의미한다. 기억과정은 3가지 활동 즉 정보의 분류, 분류된 정보와 저장된 정보를 끌어내거나 인지하며 회상하는 능력 및 장차 이용하기 위하여 정보를 기억장치 속에 축적하거나 저장하는 능력으로 이루어진다. 기억과정은 인지적 기능 및 학습과 매우 밀접한 관련을 가지고 있기 때문에 기억과정이나 정보처리 과정에 어려움이 있는 경계선 지능을 가진 아동의 경우 학업 성취에 많은 어려움을 보이게 된다.

🌱 개념화와 논리 사고력
(conceptualization, reasoning & thinking skill)

　개념화란 대상, 상황, 사건 및 아이디어를 특정 짓는 다양한 속성이나 특징을 아는 것을 의미하고, 논리 사고력이란 유추나 추론과 같은 구체적인 것과 추상적인 것들 간의 문제 해결을 할 수 있는 다양한 인지적 활동을 말한다. 개념화 능력은 언어적 상식과도 밀접한 관련이 있는데, 기억과 정보 처리과정에 어려움이 있는 경계선 지능을 가진 아동은 개념화와 논리 사고력에 있어서도 또래에서 기대되는 수준에 도달하지 못하는 경우가 많다. 이로 인해 단어 뜻을 이해하지 못하거나 미숙한 표현을 쓰는 경우가 많고, 혼자서는 문제의 의미를 이해하지 못하고 정확한 답을 하지 못하는 경우가 많다.

읽기 · 쓰기 기술(reading & writing skill)

읽기 기술은 학습 기술의 하위 기술로서 읽기자료에서 핵심적인 내용이나 중심 아이디어를 파악하고 인출 및 회상이 용이하도록 하는 기술을 의미하며, 쓰기 기술은 내용을 생성하고 조직화하여 문단을 구성하고 맞춤법이나 띄어쓰기 등의 문장 유형과 성분에 대해 이해하고 실행하는 능력을 의미한다. 경계선 지능을 가진 아동은 글자를 정확하게 인식하거나 소리 내어 읽는 것, 내용을 파악하는 능력이 또래에 비해 미숙하며, 문단에 대한 인식, 맞춤법, 띄어쓰기, 문장부호 등에 대해 어려움을 느낀다. 따라서 글을 읽고 쓰는 동안 산만하고 낙서를 많이 하며, 다른 사람에게 자신이 읽고 쓰는 것을 보여주려 하지 않는다. 또한 읽기와 쓰기에 대한 동기나 흥미가 떨어져 자발적으로 읽거나 쓰려고 하지 않는다.

기억전략(memory strategy)

기억전략이란 부호화와 인출을 증진시키기 위한 정신적 노력으로 학습

정보를 효율적으로 처리, 기억, 인출, 활용하는 방법 등에 관한 전반적인 인지과정 전략을 뜻한다. 따라 읽거나 쓰는 시연, 관련 있는 것들을 묶어서 기억하는 조직화 전략, 문장이나 관련된 정보를 연결하여 기억하는 정교화 전략을 포함한다. 경계선 지능을 가진 아동은 전략 사용 이전에 습득되어야 하는 기초 학습과정(듣기, 말하기, 기억하기, 읽기, 쓰기, 셈하기) 등의 영역에서 또래에 비해 부진할 뿐만 아니라 기억전략을 지도해 주어도 전략을 활용하는 기술이 부족하여 학습 부진아로 구분되기 쉽다.

 ## 문제해결 기술(problem solving skill)

문제해결 기술이란 일상생활에서 직접 경험하게 되는 다양한 문제 상황을 해결하는 방법들을 배워서 스스로 해결하여 극복하는 능력을 의미한다. 경계선 지능 아동은 문제를 인식하고 원하는 답을 찾아나가는 일련의 과정을 계획하고 해결하는 것에 어려움을 느낀다. 따라서 초기 상태, 목표 상태, 장애물 등을 파악하여 '문제 확인하고 표상하기 → 정보 확인하기 → 가설 세우기 → 행동하기 → 평가하기'의 문제 해결 단계를 만들어보고 실행하도록 연습해야 한다.

 ## 상위 인지(meta cognition)

상위 인지란 자신의 인지과정에 대한 지식, 인식, 통제를 말한다. 즉 자신과 과제 수준, 환경적 요소들에 대해 파악하는 것과 인지적 통제 및 조정의 절차에 대한 지식을 뜻한다. 개인에 대한 지식, 과제에 대한 지식, 환경적 요소에 대한 지식, 책략 사용에 대한 지식, 자기규제와 통제(계획, 점검, 수정 및 평가)가 포함된다. 경계선 지능을 가진 아동은 자신, 과제, 타인, 책략, 자기통제 등의 영역에서 결함이 나타난다.

위의 영역들에서 경계선 지능을 가진 아동이 학습을 할 때 두드러지게 보이는 어려움들은 학급에서 이들이 표면적으로는 '글을 정확하게 읽지 못하는 아이', '철자를 완전히 깨우치지 못한 아이', '반복해서 수 계산을 연습해도 덧셈, 뺄셈을 포함한 사칙연산을 완벽하게 하지 못하는 아이' 등으로 보여지게 한다. 학년별로 발견되는 학습의 특징과 문제를 살펴보면 아래와 같다.

학년	학습의 특징과 문제
초등학교 1~2학년	통합교과와 국어·수학 중심으로 운영이 되기 때문에 글을 정확하게 읽지 못하고 받아쓰기가 부진한 아이, 고집이 센 아이, 속도가 느린 아이 등으로 문제가 나타난다. 이 시기의 경계선 지능을 가진 아동은 정확하게 글을 읽거나 쓰지 못하고 받아쓰기를 다른 아동에 비해 많이 연습하지만, 선생님이 불러주는 속도에 맞추어 적는 것에 어려움을 보인다.
초등학교 3~4학년	국어, 수학, 사회 등의 교과에서 학급 내 진도를 못 따라가고 이해능력이 부족하다. 읽기, 쓰기, 셈하기 등에서 학습능력뿐만 아니라 상식 및 대처기술에서도 또래와 격차가 생긴다. 교사가 주의를 기울이거나 학습과 관련된 부모 상담의 필요성을 인식하게 된다.
초등학교 5~6학년	단원평가를 포함한 학업성취도 평가 등에서 교과 학습을 따라가지 못하므로 방과 후 수업이나 보충학습이 필요하게 된다. 또래보다 부진한 학습능력으로 인하여 경계선 지능을 가진 아동은 위축감과 우울감을 경험하게 되고 산만함, 반항, 공격성 등의 정서 행동적 문제가 드러나게 된다.

청소년기	학교생활에서 반항과 함께 많은 일탈에 노출되기 쉽고, 상위 학급으로의 진학이나 진로에 문제가 나타나게 된다. 지나치게 자신의 능력을 과신하거나 아예 학습을 포기하는 경우도 생긴다. 학습을 잘하고 싶은 욕구가 높은 청소년의 경우에는 이에 미치지 못하는 자신의 능력을 비관하여 우울감, 무력감을 많이 호소하여 심리적 지원이 필요한 경우가 많다. 또한 학교생활에 적응을 하지 못하는 청소년의 경우에는 무단 지각, 조퇴, 결석 등으로 인해 학교생활을 유지하는 것에 어려움을 보이는 경우가 생겨 졸업과 진로에 대한 많은 지원이 필요하게 된다.

경계선 지능을 가진 아동을 대하는 많은 교사나 부모의 경우, 아동이 어린 나이였을 경우에는 고집이 세고 미숙하고, 학습이 더딘 아이 정도로 여기다가 언젠가는 좋아질 것이라는 근거 없는 낙관적 사고를 하는 경우가 많다. 그래서 경계선 지능을 가진 아동이 초등학교 고학년이 되고 나서야 학습에 문제가 있고 개선되기 어려운 점들이 있다는 것을 인식하는 경우가 많다. 그때서야 부모와 교사가 최선의 학습방법이라고 여기는 학습방법, 예를 들면 무조건 반복적으로 암기하고 쓰게끔 하는 등의 방법으로 학습을 시키고, 아동이 이해하지 못하면 혼내거나 포기하는 경우가 많은 것도 부모나 교사의 인식이 더딘 까닭이다.

경계선 지능을 가진 아동의 학습 문제는 갑자기 어느 시기에 생겨나는 것이 아니라 아주 어린 연령의 아동기부터 학습적 결함이 누적되어 나타남을 기억해야 한다. 학습의 기초가 형성되는 어린 시기의 발달 과업부터 지도해주지 않는다면, 이후 학령기 아동이 겪는 학습 문제는 개선되기 어려울 것이다. 또한 학습의 어려움이 행동, 정서, 사회성에도 부정적 영향을 미치기 때문에 전인적인 발달을 도모하기 위해서는 어릴 때부터 모든 영역에 관심을 기울여 관찰하고 개입해주어야 한다.

학습 지도가
경계선 지능 아동에게 미치는 영향

 ## 걱정과 스트레스 감소

읽기, 쓰기, 셈하기 등의 학업성취와 관련된 영역이나 학교평가를 앞두고 경계선 지능을 가진 아동은 걱정과 스트레스를 받게 된다. 남들보다 잘 못하는 것에 대한 두려움과 걱정은 일상적 스트레스나 시험 스트레스로 나타나게 되어 불안감이나 우울감, 공격성 등으로 표출된다. 학습치료를 통해 아동의 취약점에 대한 보완이 이루어짐으로써 잘 할 수 있는 영역에 대한 자신감을 가지고, 구체적으로 실천할 수 있도록 가이드라인을 제공해주면 아동의 걱정과 스트레스가 감소된다.

 ## 학습능력 향상 및 성취감

학습과정에 대한 반복을 통해 전에 비해 스스로 글을 잘 읽고 쓰고, 수 계산이 정확해진다는 것을 인식하게 됨으로써 경계선 지능을 가진 아동은 성취감과 만족감을 느끼게 된다. 처음에는 책을 읽지 않으려 하다가 아동이 스스로 발음과 철자 인식 능력이 좋아졌다는 것을 인식하게 되면, 다른 사람 앞에서 책을 읽는 것도 두려워하지 않고 자주 읽고 쓰려고 시도하게 된다. 이를 통해 학습적 자신감을 키우는 데 도움이 되기도 한다.

학습으로 인한 문제 상황 해결

오랜 시간 동안 공부를 했음에도 성적이 오르지 않거나 반복 설명을 했는데도 이해를 하지 못하는 문제 등으로 인해 경계선 지능을 가진 아동은 부모나 교사와의 갈등을 많이 경험하게 된다. 경계선 지능을 가진 아동의 학습적 특징에 대해 어른들이 정확히 이해하고 그 기대 수준을 맞추도록 경계선 지능을 가진 아동을 지도하는 학습 치료사는 부모나 교사와 상담을 진행해야 한다. 이를 통해 무조건 반복하고 노력하면 된다는 식의 교육적 가치관을 바꾸고, 도움을 줄 수 있는 학습전략에 대해 코칭을 해야 한다. 아동의 학습과정과 성취가 좋아지면 부모, 교사와의 갈등이 많이 해소될 수 있다.

경계선 지능 아동을 위한
학습 프로그램

경계선 지능을 가진 아동을 위한 학습치료 프로그램 중 읽기와 쓰기 프로그램을 살펴보자.

 ## 읽기 지도 프로그램의 예

회기	주제	활동목표
예비모임	마음열기 및 동기유발	– 상담의 규칙을 지키고 성실하게 참여하려는 마음을 가질 수 있다. – 상담의 목적과 필요성에 대해 알 수 있다.
1	읽기의 중요성 읽기 기술 알아보기	– 이야기를 읽고 읽기의 중요성과 읽기 기술에 대해 알 수 있다. – 자신의 글 읽는 방법의 문제점을 찾을 수 있다.
2	읽기 단계 익히기	– 퀴즈 활동을 통해 읽기 단계의 필요성을 알 수 있다. – 읽기의 6단계에 대해 말할 수 있다.

3	훑어보기와 읽기	− 훑어보기를 한 후 중요한 내용에 밑줄 그어 가며 글을 읽고 중심내용을 찾을 수 있다.
4	중심내용 적기 다시 읽어 보기	− 중심내용과 세부내용을 찾고 중심내용을 적을 수 있다. − 다시 읽어 보기를 통해 보완할 내용을 보충할 수 있다.
5	중심 내용 찾기 다시 읽어 보기	− 여러 가지 글을 읽고 중심내용을 찾을 수 있다. − 중심내용을 찾아 흩어져 있는 문장을 순서대로 정렬할 수 있다.
6	지도 그리기 이야기 나누기	− 읽은 내용을 기억 요약해서 지도 그리는 방법을 알고 지도 그리기를 할 수 있다. − 이야기 나누기를 통해 글의 내용을 이해했는지 점검할 수 있다.
7	글의 제목 붙이기 문제 만들기(이해점검)	− 읽기의 6단계를 활용하여 글을 읽고 제목을 붙일 수 있다. − 글을 읽고 문제를 만들어 묻고 답할 수 있다.
8	읽기 기술 연습하기 Ⅰ	− 읽기 단계에 따라 글을 읽고 글의 내용을 파악할 수 있다.
9	읽기 기술 연습하기 Ⅱ	− 읽기 단계에 따라 글을 읽고 글의 내용을 파악할 수 있다.
10	프로그램을 마치며	− 지난 회기 동안의 느낀 점과 변화된 자신의 모습에 대해 말할 수 있다. − 글을 효과적으로 이해하고 기억할 수 있도록 스스로 노력할 점을 찾아 실천하고자 하는 의지를 가질 수 있다.

출처: 김현경(2007), 「읽기 기술 집단상담 프로그램이 초등학교 고학년의 자기주도적 학습 능력과 학업 성취도에 미치는 효과」

읽기 연습

다음 글을 읽고 빗금을 그으며 소리 내어 끊어 읽기를 해봅시다. 빗금이 그어져 있는 부분에 다시 빗금을 그어보면서 읽어보세요.

트리케라톱스/ 뿔의/ 비밀이/ 내/ 얼굴에?/

7900만 년/ 전/ '웬디케라톱스'/ 상상화/

캐나다에서/ 발견된/ '웬디케라톱스'의/ 공룡/ 화석으로/ 되살려/ 낸/ 상상화./ 키/ 6m,/ 몸무게/ 2t에/ 이르는/ 이/ 공룡은/ 7900만/ 년/ 전/ 지구/ 상에/ 살았을/ 것으로/ 추정되며/ '트리케라톱스'와/ 마찬가지로/ 얼굴에/ 삼각형/ 꼴로/ 3개의/ 뿔이/ 달려/ 있다./ 공룡/ 학자들은/ 최근/ 이/ 공룡의/ 눈/ 위쪽/ 부분에/ 휘어진/ 갈고리/ 형태를/ 한/ 2개의/ 뿔은/ 두개골의/ 일부인/ 것으로/ 확인했다./ 또/ 이는/ 트리케라톱스/ 뿔의/ 비밀을/ 풀/ 단서가/ 될/ 수/ 있다고/ 덧붙였다./

출처: 소년한국일보 2015년 7월 9일자 기사

중요하지 않은 부분 변별하기

다음 글을 읽고, 전체 내용과 관련 없는 부분을 찾아서 밑줄을 그어보세요.

인류는 예로부터 잘 모르는 미지의 세계를 동경하는 마음을 가져왔다. 만약, 콜럼버스가 인도를 동경하지 않았던들 아메리카 대륙을 발견하지 못했을 것이다. 피어리가 북극을 동경하지 않았더라면 북극에는 인간의 발자국이 생길 수 없었을 것이다. 이와 같이 인간은 미지의 세계를 동경하면서 끊임없이 노력을 하였다.

다음 글에서 밑줄 그은 부분을 고쳐서, 간결하고 분명한 글로 만들어 봅시다.

> 모든 사람이 성자와 같은 마음씨를 닮아 가며 살아야 한다고 말할 수 없다. 그렇지만 ①그러한 마음씨를 닮으면 살기도 어렵고, ②그러한 인품을 닮아 가며 살 수 없다고 해서 성자와 같이 인격 높은 삶에 대한 꿈을 버려서는 안 된다. ③무엇 때문에 인격 높은 삶에 대한 꿈을 버려서는 안 된다고 하냐면 그런 꿈을 꾸며 살아가는 동안은 자신의 삶의 방향을 잃지 않고 가치 있는 생활을 할 수 있기 때문이다.

①

②

③

읽기의 핵심: 중심내용과 세부내용 찾기

다음 글을 읽고, 중심내용과 세부내용을 찾아봅시다.

> 개들은 강력한 후각을 가지고 있어서, 어떤 것을 찾을 때 그것을 사용한다. 경찰은 숲에서 실종된 사람을 수색할 때 수색견을 이용한다. 개들은 실종된 사람의 옷가지에 묻은 냄새를 맡아낸다. 그리고 그 냄새를 따라서 실종된 사람이 마지막으로 목격된 장소까지 추적해간다. 개들은 종종 경찰이 실종된 사람을 찾을 방도가 달리 없을 때도 그 사람들을 찾아내곤 한다. 또 다른 수색견은 사냥개들이다. 사냥개들은 일단 짐승의 냄새를 맡으면 숲을 가로질러 그 짐승을 뒤따라간다. 어떤 개들은 다른 개들보다 후각 기능이 뛰어난 경우도 있지만, 모든 개들은 사람보다 강력한 후각을 가지고 있다.

1단계: 훑어보기

2단계: 꼼꼼하게 글 읽기

    ① 핵심어라 생각되는 낱말을 빨간색 형광펜으로 표시하기

    ② 핵심내용(중심내용)이라 생각되는 부분에 초록색 형광펜으로 표시하기

    ③ 세부내용이라 생각되는 부분에 파란색 형광펜으로 표시하기

3단계: 중심내용 적기

다음 글을 읽기 단계에 따라 읽어보고, 각 문단별 중심생각을 낱말판에서 찾아 표시하여 봅시다.

(1) 식물에는 풀과 같은 것도 있고 나무와 같은 것도 있으며, 꽃이 피는 것도 있고 꽃이 피지 않는 것도 있다. 그런가 하면 열매를 맺는 것도 있고 열매를 맺지 않는 것도 있다. 이와 같이 식물의 종류는 여러 가지가 있다.

(2) 공장을 지으려면 여러 가지 조건이 필요하다. 먼저 공장을 지을 수 있는 넓은 터가 있어야 한다. 공장에서 쓸 물이 넉넉하도록 강을 끼고 있는 것이 좋다. 또 철도와 고속도로 등이 가까워 교통이 편리해야 좋다. 한편 공장에서 일할 기술자와 노동자를 쉽게 구할 수도 있어야 한다.

(3) 전염병은 한 사람이 걸리면 다른 사람에게까지 옮겨지는 것을 말한다. 전염병에 걸리면 치료하기가 어려운 것도 있다. 유행성 출혈열과 같은 전염병은 아직도 완전한 치료방법이나 약품이 없다.

(4) 우리들은 다른 사람들에게도 고마움과 사랑을 느낄 줄 알아야 한다. 우리와 함께 한 마을, 한 고장, 한 나라를 이루고 있는 사람들은 얼굴 모르는 사람일지라도 우리들에게 도움을 주고 있다. 한여름의 뜨거운 햇볕 아래서 곡식을 일궈

내는 사람들, 추운 겨울날에도 길에서 교통정리를 해주는 사람들이 없으면 우리는 살아갈 수가 없다. 그러므로 우리들은 다른 모든 사람들에게 고마움을 느끼고 사랑할 줄 알아야 한다.

(5) 김치는 지역에 따라 특색이 있는데, 이 특색은 기온 차이에서 비롯된 것이다. 기온이 낮은 북쪽 지방에서는 김치가 빨리 쉴 염려가 없어 소금 간을 싱겁게 하고 양념은 담백하게 한다. 젓갈은 잘 삭은 것을 그대로 써서 느끼하지 않고 신선하다. 그리고 국물도 많다. 반면에, 기온이 높은 남쪽 지방에서는 젓국과 고춧가루, 마늘, 생강 등을 많이 쓰며 때로는 고기 국물을 넣어 김치를 담그기도 한다.

〈낱말판〉

사	람	들	에	게	고	마	움	을	늘	많	이	느	껴	야	한	다
우	리	는	다	른	사	람	에	게	도	움	을	준	다	망	전	장
우	리	에	게	독	서	는	중	요	하	다	고	나	무	김	염	을
수	김	치	는	영	양	소	가	매	우	풍	부	하	다	치	병	지
식	물	의	종	류	에	는	여	러	가	지	가	있	다	는	은	으
유	행	성	출	혈	열	은	위	험	하	다	영	양	등	지	다	려
치	양	김	치	는	우	수	한	우	리	음	식	이	다	역	른	면
공	료	복	저	축	의	좋	은	점	전	공	식	독	세	에	사	여
장	봉	하	무	비	구	우	나	책	염	장	물	서	상	따	람	러
은	사	바	기	지	럼	리	무	고	병	의	의	는	엔	라	에	가
교	하	하	람	어	동	나	와	르	을	필	이	우	꽃	특	게	지
통	는	자	름	머	려	라	꽃	는	조	요	로	리	과	색	옮	조
이	사	나	라	사	랑	운	아	방	심	성	운	에	나	이	기	건
편	람	목	리	차	리	어	전	법	하	리	점	게	무	있	는	이

리 들 책 읽 는 방 법 수 염 자 나 언 유 가 다 병 필
해 이 김 치 의 우 수 성 바 병 마 총 익 많 개 이 요
야 많 치 바 나 마 음 물 소 수 이 비 하 다 여 다 하
한 다 저 축 의 중 요 성 자 말 시 있 다 여 우 도 다
다 나 식 물 은 풀 과 나 무 꽃 이 있 다 아 름 다 운

글을 읽고 중심내용 정리하기

백두산 폭발과 발해의 멸망

지난 2000년간 가장 큰 화산 폭발이 10세기 백두산 대폭발이었다. 단 한 번의
분화(화산성 물질이 지구 내부에서 표면으로 나옴)로 한반도 전체를 5cm 두께
로 덮을 수 있는 화산재를 쏟아냈다.

마그마의 양이 *폼페이를 무너뜨린 베수비오 화산 폭발(79년) 때의 50배나 됐
다. 폭발 당시 25km 상공까지 화산재가 뿜어 올라갔고, 반경 100km는 숯검댕
이가 되었을 것이다.

발해(698~926년, 한반도 북부 · 중국 둥베이 지방의 동부 · 연해주에 걸쳐 세
력을 떨친 나라)는 926년 거란족에게 함락됨으로써 멸망했지만 백두산 폭발로
사라졌다는 주장도 있다. 문제는 백두산 폭발의 정확한 시점을 모른다는 점이다.

그런데 지난달 23일 제주에서 열린 '한중 백두산 마그마 연구 워크숍'에서 홍완 한국지질자원연구원 지질자원분석실장이 백두산 현지 탄화목(화산재에 불탄 나무 화석)을 분석해 분화 시점이 939년이라고 발표했다. 역사의 퍼즐 조각 하나가 맞춰진 것이다.

기록상 백두산 대폭발보다 발해 멸망이 먼저라고 하지만, 아닐 가능성도 있다. 발해 멸망에 관한 기록이 담긴 '요사'는 926년에서 400년이 지나서 나온 기록이다. 일본 역사에는 발해가 930년대에도 사신을 계속 보내온 것으로 돼 있다. 거란의 태조(한 왕조를 세운 첫째 임금) 야율아보기는 발해를 정복한 후 바로 돌아오다 길에서 숨진다. 그는 왜 이 땅을 포기했을까. 934년 발해 세자 대광현이 수만 명을 이끌고 고려에 맞서 싸웠다는 '고려사' 기록은 어찌된 걸까.

이런 점들은 거란에 의한 도성 함락 후에도 발해가 일정 기간 유지됐다는 가능성을 보여준다. 정말 궁금한 것은 그런 대폭발이 있었는데도 왜 단 하나의 기록도 없느냐는 점이다. 백두산 폭발을 목격하고도 살아남은 사람은 없었을 것이고, 발해 사람들은 그것이 화산 폭발인 줄 모르고 하늘이 내린 벌로 여겼을지 모른다.

한 가지 확실한 것은 대폭발이 국가와 문명을 붕괴시킬 정도로 컸다는 점이다. 백두산이 최근 수년간 화산 폭발 직전의 기미를 나타내 한국과 중국이 7월 공동탐사에 나선다. 발해를 멸망시켰던 화산재의 대재앙이 일어나지 않기를 바랄 뿐이다.

※ 상식UP

폼페이와 베수비오 화산 폭발: 폼페이는 고대 로마 베수비오 산 남동쪽에 있는 항구 도시였다. 베수비오 화산이 폭발해 도시 전체를 순식간에 덮었고 이로 인해 2만여 명의 주민이 숨졌다. 2000여 년 동안 화산재와 용암에 묻혀 있다가 1748년 발굴이 시작되면서 폼페이의 존재가 세상에 드러났다.

출처: 어린이 동아일보 2015년 4월 3일자 정성희 논설위원 칼럼

1단계: 훑어보기

2단계: 꼼꼼하게 글 읽기

① 핵심어라 생각되는 낱말을 빨간색 형광펜으로 표시하기

② 핵심내용(중심내용)이라 생각되는 부분에 초록색 형광펜으로 표시하기

③ 세부내용이라 생각되는 부분에 파란색 형광펜으로 표시하기

3단계: 중심내용 적기

 쓰기 지도 프로그램의 예

회기	요소	학습내용
1	문단의 뜻과 형식 문단의 뜻과 들여쓰기	– 문단의 뜻 알아보기 – 들여쓰기 규칙 알아보기
2	문단조직 원리 통일성 중심문장의 의미	– 중심문장의 개념 알고 찾아보기
3	중심문장과 뒷받침문장의 특성	– 뒷받침문장의 뜻을 알고, 중심문장과 구분하기 – 중심문장에 알맞은 뒷받침문장 찾기
4	연결성 순서 배열	– 순서에 따라 문장 배열하기
5	강조성 분량에 의한 강조	– 중심문장을 강조하는 뒷받침문장 쓰기
6	문단 조직 조작 활동을 통한 문단 조직하기	– 문장 카드를 활용해서 문단 조직하기

7	비계를 활용한 문단 조직하기	– 주요 낱말을 활용해서 중심 · 뒷받침 문장 쓰기 – 기본 문형을 활용해서 중심 · 뒷받침 문장 쓰기
8	한 문단 쓰기 주제에 알맞은 문단 쓰기	– 모범 예시글을 참고해서 한 문단 쓰기

출처: 강동훈(2013), 「쓰기 부진아를 위한 문단쓰기 지도방안연구」

경계선 지능을 가진 아동들의 쓰기 활동사례

〈쓰기 활동지의 예〉

문단 인식

문단의 시작 부분을 알아보고 글을 적어 보세요.

청개구리의 후회

옛날에 청개구리와 청개구리 어머니가 살았습니다. 청개구리는 어머니의 말을 늘 반대로 하는 개구리였죠. 어느 날 어머니가 병이 나서 돌아가셨습니다. 돌아가시기 전에 어머니는 유언을 남기셨습니다.

"얘야, 내가 죽거든 개울가에 묻어다오."

어머니는 이번에도 청개구리가 반대로 개울가가 아닌 다른 곳에 묻을 거라 생각했습니다. 하지만 어머니의 말에 반대로만 한 것을 후회한 청개구리는 어머니의 마지막 유언을 따르기 위해 개울가에 어머니를 묻었습니다. 그런데 어머니를 묻고 나서 어느 날 비가 내렸습니다. 청개구리는 비가 내려 개울가에 있는 어머니의 무덤이 쓸려 내려가지 않을까 걱정했습니다. 하지만 되돌리기에는 이미 너무 늦었지요. 그 후 청개구리는 비만 오면 어머니 무덤가에서 지난날을 후회하며 눈물을 흘린다고 합니다.

① '한 자 들여쓰기'를 한 곳을 찾아서 스티커를 붙여 봅시다.

② '한 자 들여쓰기'를 한 곳은 몇 군데인가요?

③ '한 자 들여쓰기'란 무엇인지 말하여 봅시다.

④ 원고지 사용법에 맞게 옮겨 써 봅시다.

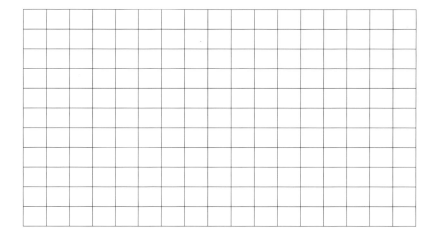

중심문장과 뒷받침문장 구분

중심문장과 뒷받침문장을 구분해 보세요.

> 음식은 골고루 먹는 것이 좋습니다. 우리 몸이 성장하기 위해서는 다양한 영양분이 필요합니다. 자기가 좋아하는 음식만 먹으면 몸에 필요한 영양분을 충분히 얻지 못하여 균형 있는 성장을 하지 못하게 됩니다. 또 면역력이 떨어져 병에 걸릴 수 있어 건강에도 좋지 않습니다.

① 중심문장에 밑줄을 그어 봅시다.

② 각 문장 앞에 차례대로 번호를 써 봅시다.

③ 중심문장을 설명해 주거나 보충해 주는 문장의 번호를 말해 봅시다 (뒷받침문장).

④ 뒷받침문장을 바르게 찾았는지 확인하며 글을 다시 읽어 봅시다.

내용 파악

다음 글을 읽고 물음에 답하여 봅시다.

독서의 소중함

책을 읽으면 여러 가지 좋은 점이 있습니다. 첫째, 몰랐던 것들을 새롭게 알 수 있습니다. 둘째, 생각하는 힘이 생깁니다. 셋째, 책 속에서는 내가 좋아하는 위인들을 만날 수 있습니다. 넷째, 시간을 지루하지 않고 재미있게 보낼 수 있습니다.

① 무엇에 대해 설명하고 있나요?

② 중심문장에 밑줄을 그어 봅시다.

③ 뒷받침문장은 모두 몇 개인가요?

④ 책을 읽으면 좋은 점을 잘 설명했는지 생각하며 다시 읽어 봅시다.

아래 글을 참고해서 친구에게 설명하는 글을 써 봅시다.

〈보기〉

우리나라의 좋은 섬

내가 좋아하는 음식

나와 가장 친한 친구

마인드 맵 그려 보기

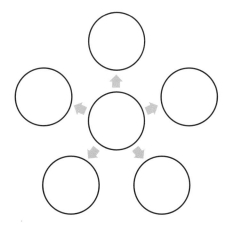

중심문장과 뒷받침문장 써 보기

중심문장

_____

_____

뒷받침문장

_____

_____

한 문단으로 적어 보기

_____

_____

고쳐서 써 보기(친구에게 설명하듯이 적어 봅시다)

_____

_____

_____

_____

🌱 학습 지도 시 교사의 역할

경계선 지능을 가진 아동은 학습에 대한 자신감의 부족으로 거부감을 강하게 표출할 수 있다. 성취 수준과 선호도의 개인차를 고려하여 수업을 진행해야 하며, 융통성 있게 수업활동을 조절할 수 있는 능력이 있어야 한다.

학습 지도와 관련된 활동을 하면서 교사는 아동이 흥미를 갖고 즐거움을 느낄 수 있도록 항상 고민해야 한다. 초기에는 아동이 좋아하고 잘하는 활동을 포함시켜 수업을 진행하고, 점차적으로 과업 중심으로 변화를 시도해야 한다. 처음부터 학습에 몰두하여 지도하면 경계선 지능을 가진 아동은 더욱 위축되고 학습의 효율성이 떨어질 수 있다.

교사는 경계선 지능을 가진 아동의 학습 지도에 있어서 아동 개인의 특성과 문제 영역에 대해 명확히 파악해야 한다. 지능 수준과 강점과 취약점을 포함하여, 현재 학년에서 제일 시급하게 보완되어야 하는 영역을 파악하고, 우선순위를 정해 지도해야 한다. 이를 위해서는 부모와 교사 간에 긴밀한 상호작용 협력체계가 구축되어 있어야 하고, 학습 지도 과정에서 특이사항에 대해서는 협의회를 거쳐 수정 보완해나가야 한다.

아동의 성취 정도와 관련된 기록이나 자료를 모아두어 아동이 전에 비해 스스로 얼마나 학업성취가 향상되었는지를 스스로 인식할 수 있도록 도와주면 좋다.

🌱 학습 지도 시 부모의 역할

부모는 아이의 학교 진도에 맞추어 함께 예습을 한다. 지나치게 미리 하거나, 많은 양의 선행 예습은 경계선 지능을 가진 아동에게는 효과적이지 않다. 한 달 전, 일주일 전, 2~3일 전, 1일 전으로 나누어 교과서에 나오는 핵심 단어나 간단한 공식에 대해 아이에게 알려주고 확인하는 것이 중요하다. 반복할수록 좀 더 구체적으로 개념을 알려주는 방식이 적절하지만, 아이가 어려워하면 처음에 알려주었던 핵심 개념만을 반복하여 확인해주는 것도 좋다. 부모와 함께 보았던 그림이나 단어를 수업시간에 듣게 되면 아이는 수업에 흥미를 느끼게 되고 집중하게 될 것이다.

학교 수업 후에 당일이나 하루가 지나지 않은 시점에 10분 내외로 간단하게 복습의 시간을 아이와 함께 가지면 좋다. 예습 시에 익혔던 단어나 공식, 수업시간에 노트나 책에 표시한 부분 등을 중심으로 간단하게 확인하는 시간을 가져 보자. 복습시간을 통해 경계선 지능을 가진 아동은 학습한 내용을 조금 더 오래 기억할 수 있고, 장기기억으로 전환시키는 데 도움이 된다.

부모도 아이와 함께 공부를 할 때 반응적 교수법을 적극 활용해보자. 반응적 교수법이란 부모가 알려주고 지시하는 교수법이 아니라, 아동의 반응을 기다리고 관찰하고 또 기다려주는 교수법이라고 할 수 있다. 경계선 지능을 가진 아동은 속도가 느리고 기억한 내용을 회상하는 것에 어려움을 느끼므로 부모가 성급하게 답을 먼저 말해버리지 말고, 인내심을 가지고 기다려주는 것이 중요하다.

평가나 시험 전에는 시험 보는 전략에 대해 지도해주고 함께 연습하자. 시험지를 받으면 이름을 적고 먼저 문제를 보면서 공부한 것이나 쉬운 문제를 구별하고 그 문제들을 먼저 푸는 것, 그다음으로는 순서대로 풀되 너무 어려우면 다음 문제로 빨리 진행하여 시간 내에 문제를 풀 수 있도록 하는 방법, 문제를 풀 때 시험지의 여백을 활용하거나 답을 체크하는 방법 등 구체적인 지침을 경계선 지능을 가진 아동에게는 지도해줄 필요가 있다. 실제 시험처럼 문제집을 활용하여 '1단계: 이름 적고, 쉬운 문제에 ○표 하기 → 2단계: 쉬운 문제 다 풀기 → 3단계: 처음에 안 푼 문제 풀기, 어려운 문제는 넘어가기 → 4단계: 시간 확인하고 답 적었는지 확인하기 → 5단계: 검토하기'를 반복 연습한다.

경계선 지능을 가진 아이를 지도할 때 부모가 제일 중요하게 고려해야 할 점은 부모의 기대 수준에 아이를 맞추지 말아야 한다는 점이다. 열심히 준비했지만 아이의 학업성취가 기대에 미치지 못할 때 부모가 실망하거나 좌절한다면 아이에게 낮은 자존감과 죄책감을 심어줄 수 있다. 아이의 학습에 대한 어려움과 부담감을 이해해주고, 아이의 보폭에 맞추어 한 계단씩 올라갈 수 있도록 손을 잡고 함께 올라가 주는 부모가 되어야 함을 잊지 말자.

〈부록〉 학습 효능감 검사

문항내용	매우 그렇다	그렇다	비교적 그렇지 않다	전혀 그렇지 않다
1. 나는 과제나 평가에서 노력하고 기대한 만큼 잘한다.				
2. 나는 노력하는 만큼 성적이 좋게 나오는 편은 아니다.				
3. 나는 학습 문제를 해결하면서 검토하고 확인한다.				
4. 나는 문제 형태가 바뀌어도 일반적으로 잘 해결한다.				
5. 나는 문제를 해결하기 전에 그 문제에 관한 정보를 충분히 찾아본다.				
6. 나는 문제가 잘 안 풀릴 때, 다른 시각에서 문제를 살펴본다.				
7. 나는 수업시간에 배운 내용 중에서 중요한 것이 무엇인지 잘 알 수 있다.				
8. 나는 복잡하고 어려운 문제에 도전하는 것이 재미있다.				
9. 나는 정해진 시간 안에 주어진 과제나 활동을 잘 마칠 수 있다.				
10. 나는 수업 시간에 집중을 잘하는 편이다.				

출처: 한국교원대학교 임자연(2012)

07

자신감과 사회성을 높이는
신체활동

신체활동은 뇌 발달과 밀접한 관련이 있으며 인지, 정서, 사회성 발달을 촉진시킨다. 경계선 지능을 가진 아동은 영유아기부터 대소근육 활동이 미숙하고 신체 조절 협응력에 어려움을 보인다. 또한 교사나 부모의 지시에 따라 신체를 움직이거나 자신이 생각하는 방향으로 신체의 방향과 힘을 조절하는 것이 어렵다. 이로 인해 또래에게 놀림을 받기도 하고, 또래보다 자신이 부족하다는 생각을 하게 됨으로써 낮은 자아개념과 함께 무력감이나 분노감을 갖기 쉽다. 따라서 경계선 지능을 가진 아동에게 다양한 신체활동 경험을 제공해준다는 것은 에너지 발산과 함께 자존감을 기르는 데 가장 큰 목적이 있다. 본 장에서는 경계선 지능을 지닌 아동에게 신체활동이 미치는 영향과 활동의 예를 살펴보겠다.

경계선 지능 아동의
신체 발달 특징

경계선 지능을 가진 아동은 인지 기능의 제약과 활동 기회의 부족으로 인해 운동발달이 평균 이하인 경우가 많다. 구체적으로 살펴보면 신체와 공간지각, 협응력, 방향성, 동작 중 멈추기와 같은 운동 조절력에 어려움을 보인다. 또한 짧은 집중력, 과잉행동, 공격성, 충동성, 미성숙 등의 정서적 문제가 신체활동에서 드러나기도 한다. 이런 이유로 신체활동을 할 때 자기 조절력 부족과 참여 거부 등을 보이게 된다.

경계선 지능을 가진 아동의 미숙한 운동발달 능력과 낮은 수행능력으로 인해 집단활동 시 또래들에게 비난이나 놀림을 받거나, 환영받지 못하고 따돌림을 당하는 경우가 많이 생긴다. 이런 이유로 경계선 지능을 가진 아동은 마음속으로는 또래와 함께 어울리고 싶어도 실제로는 어울리지 못하는 경우가 많이 생기기 때문에 교사와 부모의 주의 깊은 관심이 필요하다.

신체활동이
경계선 지능 아동에게 미치는 영향

 신체적 자신감

신체활동은 모든 아동들이 성공하도록 돕는 데 목표가 있다. 경계선 지능을 가진 아동은 신체활동에 즐겁게 참여하고 협응, 듣기, 개념학습, 표현 능력 등을 기를 수 있다. 그중에서도 가장 중요한 것은 신체활동이 자아개념을 형성하는 데 도움이 되는 것이다. 경계선 지능을 가진 아동은 또래의 다른 아동들에 비해 몸을 유능하게 움직이지 못하기 때문에 왜곡된 신체 이미지를 갖게 된다. 다양한 신체 부분들을 인식하고 움직이는 활동은 신체 각 부분과 몸 전체가 조화를 이루는 방법을 발견하도록 돕는다. 이는 자신의 신체 이미지를 명확하게 할 수 있도록 돕고, 신체활동을 반복함으로써 얻을 수 있는 계속적인 성공은 처음으로 자신에 대해서 긍정적인 느낌을 갖게 하여 스스로에 대해 자신감이 생긴다.

🌱 사회적 관계 형성

　신체활동을 통해 경계선 지능을 가진 아동의 자아개념이 향상됨에 따라 다른 친구들과도 잘 어울리게 된다. 경계선 지능을 가진 아동은 자신의 동작과 생각이 일정하게 받아들여지고 가치가 인정됨에 따라 또래로부터 더 많이 받아들여진다. 기억을 하고 차례를 지키고, 규칙을 따르면서 집단의 일원이 되어가는 신체활동을 통해 경계선 지능을 가진 아동은 사회적 기술을 향상시킬 수 있다.

🌱 인지과정의 향상

　신체활동을 할 때는 동작을 모방하거나 일련의 동작을 기억해야 하는 경우가 많다. 따라서 신체활동을 통해 주의깊게 다른 사람의 활동을 관찰하고 그 활동을 표상, 기억하는 과정에 도움을 주게 된다. 인지과정은 주의, 지각, 표상, 기억의 요소가 포함되는데, 신체활동을 하면서 인지과정의 각 요소를 강화하고 속도를 증진시킬 수 있다.

경계선 지능 아동을 위한
신체활동 프로그램

경계선 지능을 가진 아동의 주의력 부족과 동기저하, 기본 운동기능의 저하 등의 문제를 보완하기 위해서는 균형 잡기, 이동·비이동 기술, 지각·운동활동을 포함한 기본동작 기술을 충분히 연습시키는 것이 중요하다. 신체활동의 예를 간단히 살펴보자.

 신체 활동의 예

활동명	신체부위를 이용해서 움직이기
활동목표	- 신체 인식능력을 기른다. - 전체와 공간의 개념을 익힌다. - 긍정적 신체 이미지를 기른다. - 신체 자신감과 유능감을 기른다.

활동방법	다양한 신체부위를 다른 신체의 부위와 바닥과 연관 지어서 활동한다. 바닥에 아동을 앉게 한 후 다음과 같은 동작을 표현해 보도록 한다. – 팔꿈치를 바닥에 대었다가 팔꿈치를 바닥으로부터 가능한 한 멀리 떨어뜨리기 – 한쪽 발을 몸에서 멀리 쭉 뻗었다가, 바닥에 발을 닿지 않게 하면서 원 위치로 돌아오기 – 한쪽 어깨를/ 다른 쪽 어깨를/ 양쪽 어깨를 바닥에 대기 – 한쪽 팔꿈치를 발에 대보기 – 어깨를 발에 닿게 하기 – 바닥에서 머리부터 먼저 일어나기 – 엉덩이를 공중으로 높이 올려보기
확장활동	부분 신체인식 활동에 유능감이 생기면, 짝과 함께하는 활동을 한다. 예를 들어 짝과 신체 한 부위를 대기(손잡기, 팔짱끼기, 상대방의 어깨 위에 손바닥 올려두기)와 둘이 동시에 움직이기를 해본다.

활동명	조각상 되어보기
활동목표	– 주의 집중력을 기른다. – 운동 조절능력을 기른다.
활동방법	– 음악 없이 흐름의 요소를 탐색하기 위해서 멈춤 신호가 들릴 때까지 교실 안을 자유롭게 다닌다. – 악기나 호루라기 등의 멈춤 신호를 듣자마자 즉시 멈춘다. – 다시 자유롭게 움직이라는 신호를 들을 때까지 조금도 움직여서는 안 된다. – 움직임 신호가 들리면 자유롭게 다시 돌아다닌다.
확장활동	신호와 신호 사이의 시간 길이를 다양하게 하고, 때때로 자유로운 흐름을 경험하게 하거나 멈춤 신호를 자주 줌으로써 아동들의 움직임을 탄력적으로 조절할 수 있도록 해본다.

활동명	얼굴 표정 도미노
활동목표	– 감정 인식능력을 기른다. – 감정 표현능력을 기른다. – 신체 모방능력을 기른다.
활동방법	– 원형으로 모여 앉아서 한 아동이 얼굴 표정을 짓고, 자신의 오른쪽이나 왼쪽으로 고개를 돌린다. – 그 방향에 앉아 있던 아동은 같은 얼굴 표정을 만들고, 같은 방향으로 얼굴을 돌린다. – 한 바퀴 다 돌고나면, 다른 아동부터 시작하여 같은 방법으로 반복한다.
확장활동	감정표현을 할 수 있는 다양한 얼굴 표정이나 신체표현을 할 수 있도록 확장해보고, 음악이나 미술작품을 보고 감정을 표현해본다.

활동명	여러 가지 날씨 알아보기
활동목표	– 청각 주의집중능력을 기른다. – 대근육과 소근육의 협응력을 기른다. – 대근육과 소근육 발달을 돕는다.
활동방법	– 다양한 날씨 카드 목걸이를 하고 교사가 같은 날씨끼리 모이기, 다른 날씨끼리 1명씩 모이기, 같은 날씨끼리 2명씩 모이기 등의 미션을 주어 활동한다. – 해와 비가 그려진 날씨 카드를 바닥에 펼쳐두고 제한된 시간 내에 자신이 뒤집어야 하는 날씨가 앞으로 보이도록 뒤집는다. 시간이 끝났을 때 많은 면이 보이면 그 팀이 승리한다.
확장활동	날씨와 관련된 다양한 신체 표현, 날씨 카드 잡기를 위한 달리기 등으로 확장한다.

활동명	솔방울 옮기기
활동목표	– 다리를 이용하여 솔방울을 옮겨보면서 걷기 능력을 기른다. – 대소근육 조절능력을 기른다. – 모둠뛰기 능력을 기른다. – 신체게임 활동에 적극적으로 참여한다.
활동방법	– 두 팀으로 나누어 1인당 솔방울 1개를 갖고, 각각 다리 사이에 솔방울을 끼운 다음 걸어가 나뭇가지로 만든 둥지에 솔방울을 넣는다. – 새처럼 날개짓을 하기도 하고 두 발로 깡충깡충 뛰어서 자기 자리로 돌아와 다음 친구와 한 손 박수를 치고, 뒤로 가서 자리에 앉는 등의 게임을 진행할 수도 있다.
확장활동	– 솔방울을 둥지에 넣는 거리를 점차 멀리하여 수학(거리 측정) 개념 익히기와 연계한다. – 둥지를 만들 때 도형을 제시하여 만들어본다. – 바구니에 솔방울 던져서 넣기로 변경하여 게임을 진행한다. – 솔방울 대신에 신문지나 종이 박스를 이용하여 알을 만들어서 활동해도 좋다.

 교사의 역할

교사는 모든 경계선 지능을 가진 아동들이 신체활동 과제들을 충분히 해낼수 있다는 것을 스스로 확신해야 한다. 신체활동에 유능감을 보이는 아동과 경계선 지능을 가진 아동 사이에는 차이점보다 유사점이 훨씬 많다. 교사가 확신하지 않고 다른 아이들의 프로그램과 차등을 둔다면 그만큼 성과가 나타나지 않을 것이다.

같은 기능의 아동일지라도 어떤 아동도 똑같지 않다는 것을 인식해야 한다. 모든 경계선 지능을 가진 아동의 독특성을 인식해야 한다.

다감각적 접근(음악을 활용하여 신체활동을 즐겁게 유지하면서 신체, 음성, 눈, 귀를 사용해보도록 하는 것)을 활용하고, 과제의 난이도를 낮은 수준에서부터 시작하여 점차 높은 수준의 반응을 이끌어내야 한다.

여러 번 반복활동을 해야 하고 모방활동을 많이 할 수 있도록 프로그램을 구성하는 것이 좋다.

교사는 부모나 상담 전문가들과 항상 상의해야 한다. 개별화 교육을 실시함으로써 부모와 교사, 서비스 제공자들로부터 장단기 목표뿐만 아니라 경계선 지능을 가진 아동이 목표를 달성할 수 있도록 도와야 한다.

부모의 역할

부모는 가능한 한 자주, 많은 시간 동안 아동과 신체놀이를 해주어야 한다. 어린 시기에는 기본적인 스킨십과 마사지로 시작하여 스트레칭, 공 던지고 잡기, 공차기, 치기, 흔들기 등의 대근육 운동을 많이 해주면 좋다. 이를 통해 경계선 지능을 가진 아동은 자신의 신체를 정확하게 인식하고, 긍정적인 신체상을 지니게 될 것이다.

걸음걸이, 다양한 동작의 자세, 각종 스포츠 등을 지도해주는 것도 좋다. 걷거나 달릴 때의 몸의 방향 및 자세, 각 스포츠별로 잘 할 수 있는 방법 등을 부모님이 구체적으로 지도해주는 것이 중요하다. 그냥 보고 배우는 것이라고 생각하지 말고, 말과 행동으로 반복하여 지도해주도록 하자.

학교에서 배우는 체육활동을 미리 준비시키는 것도 좋다. 줄넘기, 농구, 매달리기, 제자리 멀리뛰기 등을 주말을 이용하여 지도해주고, 학교 수업이나 평가 전에 미리 연습시켜주는 것은 아이가 수업시간에 자신감을 가질 수 있도록 도와주자. 체육활동은 또래와 함께 어울려 놀 수 있는 시간이다. 아이가 신체를 유연하게 움직이고 체육에 유능감을 보이면 또래들에게 호감을 줄 수 있다는 점을 기억하여 자녀의 체육활동에 많은 관심을 기울여 주도록 하자.

08

모든 발달 영역을 자극하는
독서활동

독서활동은 경계선 지능을 가진 아이들에게 꼭 필요한 경험을 제공한다. 독서를 통해 언어발달이 촉진되고, 다양한 사회 경험과 대인관계 경험을 해볼 수 있다. 특히 경계선 지능을 가진 아이들은 책을 읽는 과정에서 등장인물이 되어 기쁨, 슬픔, 불쾌함 등 다양한 감정을 경험함으로써 섬세한 감정을 구분하고 느끼는 경험도 해볼 수 있는데, 이는 공감능력의 발달을 자극할 수 있다. 또한 문제해결력의 발달에도 도움이 되는데, 책 속의 여러 상황은 아이들에게 간접적으로 다양한 갈등 상황을 경험하게 해주고 그러한 상황에 직면하게 되었을 때 어떻게 행동하면 좋을지 문제 해결 방법에 대하여 고민하게 만들어줌으로써 수준 높은 문제해결 능력을 기를 수 있도록 도와준다(김미화, 2012). 그러므로 독서활동은 경계선 지능을 가진 아이들에게 언어발달, 정서발달, 사고능력의 발달, 사회성 발달 등 발달의 여러 영역을 자극하고 향상시킬 수 있는 좋은 활동이다.

경계선 지능을 가진 아이들은 뚜렷하게 어느 한 영역의 발달만이 뒤쳐진 것이 아니라, 전 영역에서 조금씩 발달이 지체되어 있다. 따라서 경계선 지능을 가진 아이들을 위해서는 어느 한 가지 발달을 도모하기보다는 전반적으로 발달을 촉진할 수 있는 독서가 매우 적절한 매개체가 될 수 있다.

책 읽기를 어려워하는
경계선 지능 아동

경계선 지능을 가진 아이들에게 독서는 재미없고 힘들고 친해지기 어려운 매체일 수 있다. 이들은 어휘력이 또래에 비해 부족하고 이해력이 높지 않기 때문에 일반 아동에 비해 독서를 부담스러워하는 경우가 많다.

최근에는 독서치료와 독서요법, 독서 지도를 연구하는 실무자들이 경계선 지능 아동이 책을 지루한 존재로 여기지 않고 즐길 수 있도록 다양한 활동들을 개발하고 있다. 경계선 지능을 가진 아이들의 다면적 발달을 돕기 위해 효과적으로 독서활동을 진행하는 방법에 대해 연구하고 적용해보았으면 한다.

경계선 지능 아동들은 책을 읽는 것을 부담스러워한다. 책읽기를 싫어하고 멍하게 있더라도 놀고 싶다고 말한다. 책을 오래 보고 있기 어려운 이들의 특징 때문이다. 이들은 주의력과 이해력, 기억력이 부족하다. 그렇다 보니 수업 중 교과서의 내용을 이해하기 어려워하고 다른 친구들에 비해 이해력이 부족해서 수업 진도를 따라가는 데 어려움을 보인다. 그로 인해 수업시간에 멍하게 있거나 책상에 엎드려 자는 경우가 종종 있다. 또 어떤 아동은 다른 친구를 방해하거나 혼자 공상에 빠져 있는 경우도 많다.

경계선 지능 아동은 발음이 부정확한 경우가 많아 책을 소리 내어 읽는 것을 부담스러워하거나 책 읽는 것을 피한다. 혼자 책을 즐겨 읽는 아동일지라도 단어나 줄을 빠뜨리고 읽는 경우가 많고, 책을 읽고 난 후 내용에 대한 질문을 하면 딴소리를 하거나 까먹었다고 말하는 경우가 많이 나타날 수 있다. 글을 해독하는 능력이 부족하고 언어적 배경지식이 부족한 것에서 원인을 찾을 수 있는데, 글의 내용을 이해하고 기억하는 것이 어려울 뿐만 아니라 그전에도 책을 많이 읽지 않기 때문에 언어적 상식이 부족하고 이로 인해 내용에 대한 질문을 했을 때 답을 하지 못하는 것이다. 또 다른 이유로는 글을 읽지 않고 그림 중심으로 대충 읽거나 전체 내용을 자기식으로 해석하기 때문일 수 있다. 글자에 대한 거부감과 피로감으로 인해 그림이나 삽화만 보고 전체 내용을 짐작하거나, 몇 단어를 토대로 전체 내용을 짐작하는 특징 때문에 온전한 책읽기가 어렵다.

책 읽기에서 나타나는 경계선 지능 아동의 특징

- 글자가 많은 책을 싫어한다.
- 만화책이나 그림이 많은 책을 선호한다.
- 책 속의 글자들을 빠짐없이 읽는 것이 아니라, 대충대충 건너뛰고 읽는다.
- 배경지식이 부족하고 모르는 낱말이 많다.
- 주의집중력이 낮아서 책을 끝까지 읽기 어렵다.
- 책을 읽고 나서도 글의 내용을 이해하지 못하고 일부분의 내용만을 기억한다.

반드시 독서활동을
해야 하는 이유

 독서가 여러 영역의 발달을 이끌어주기 때문에

앞서 설명한 바와 같이 경계선 지능을 가진 아이들은 인지, 정서, 사회성 등 여러 영역에서 발달이 늦되는 특성을 보인다. 이들에게는 한 가지 영역에 대한 집중적인 도움도 필요하지만 전체 발달 영역이 고르게 자극받을 수 있는 활동이 효과적일 수 있다. 다양한 독후활동을 할 수 있기 때문에 독서활동은 단순히 읽기능력 향상을 넘어서 정서적 카타르시스와 또래관계 문제 해결을 위한 실마리 제공 등 전체 발달 영역을 고르게 자극할 수 있다.

이를 위해서는 독서에 대하여 다음과 같이 생각하는 것이 좋다.

– 책을 읽는 것이 아니라 보는 것이다. 글을 보기 위해 책을 보는 것이 아니라, 그림을 보기 위해 책을 읽을 수도 있다.
– 글자를 몰라도 책을 좋아할 수 있다.

- 처음부터 끝까지 읽지 않아도 된다.
- 연령에 맞는 책이란 따로 없다. 쉽고 아름다운 책은 나이가 든 사람에게도 유익하다.
- 책을 여러 권씩 많이 읽지 않아도 된다. 한 권의 책을 읽고 나서 여러 가지 활동을 하는 편이 더 유익하다.
- 책을 보고 나서 내용을 이해하지 않아도 된다.

또래들과 이야기할 수 있는 소재가 생기기 때문에

경계선 지능을 가진 아이들은 말주변이 없고 말하는 것에 자신 없어 한다. 그래서 어떤 것에 대해 질문을 하면 "몰라요"라는 말을 자주 한다.

독서를 하면 자신이 경험했던 상황에 관해 떠올려보거나, 나라면 어떻게 할지에 대해 생각을 하고 책의 내용과 관련은 없더라도 말하고 싶은 이야깃거리들이 생각날 수 있다. 이야기의 소재가 생기면 자신도 모르게 질문을 하거나 대화에 참여하게 된다. 책은 경계선 지능을 가진 아이들이 자신도 모르게 말하기에 대한 부담을 잊고 대화에 참여할 수 있는 계기를 만들어준다.

생각하는 연습을 할 수 있기 때문에

경계선 지능을 가진 아이들은 확산적 사고와 논리적 사고력이 부족하다. 즉 여러 가지 다양한 생각들을 펼쳐나가거나 이것을 조리 있게 엮어서 논리적으로 생각하는 능력이 다소 부족하다. 책은 우리가 직접 가보지 못했던 곳에 대해 알려주고 실제로는 할 수 없고 상상 속에서만 가능한 여러 가지 상황을 보여준다. 이러한 책 속의 세계들은 아이들에게 상상력을 자극하여 확산적으로 사고할 수 있는 능력을 키워 준다. 마음껏 상상하고, 그 생각들에 대하여 많은 이야기를 나누는 것이 경계선 지능을 가진 아이들에게는 꼭 필요한 활동이다.

사회성이 더 좋아지기 때문에

책 속에는 다양한 등장인물들이 있다. 책은 읽는 이와 비슷한 또래도 등장을 하고 나이가 많은 인물들도 등장을 하며, 어린아이들도 등장을 한다. 또한 몸이 약한 사람과 힘이 센 사람, 다정하게 말하는 사람과 거칠고 화를 잘 내는 사람들도 등장한다. 이들은 책 속에서 서로 좋은 관계를 맺거나 갈등을 보여주기도 한다.

경계선 지능을 가진 아이들은 이들 간의 관계를 관찰하면서 좋은 인간관계가 어떤 것인지 알게 되며, 좋은 인간관계를 위해 어떻게 배려하고 양보하고 행동해야 하는지에 대해 배우게 된다. 물론 실생활은 책 속의 상황과는 많이 다르다. 하지만 평소 좋은 인간관계를 유지하기 위해 사람들이 어떻게 행동해야 하는지를 미리 배우고 연습해 놓는다면, 실생활에서 비슷한 상황과 마주했을 때 당황하지 않고 더 좋은 관계 형성을 위해 자신이 할 수 있는 노력과 배려를 할 것이다. 경계선 지능을 가진 아이들은 즉각적으로 상황에 닥쳐서 대처하는 것이 조금 미흡하다. 그래서 평소에 여러 가지 상황에 대한 생각을 정리하고 상황마다 어떻게 행동할지를 마음속에 준비해 놓을 필요가 있다.

학습동기를 이끌어줄 수 있기 때문에

경계선 지능을 가진 아이들은 학습하는 것을 부담스러워한다. 많은 것을 이해해야 하고 주의집중을 오래해야 하고 배웠던 것을 기억해야 하기 때문이다. 그러나 재미있고 흥미로운 책을 읽게 되면 또 새로운 책을 읽고 싶어진다. 이 과정에서 배움, 즉 학습에 대한 동기가 생기는 것이다. 그리고 자신도 모르게 큰 노력이나 괴로움 없이 새로운 정보를 습득하게 되고 학습하게 된다. 누구나에게나 그렇겠지만 동기는 학습을 촉진하는 중요한 요인이다. 경계선 지능을 가진 아이들은 다른 누구보다도 동기에 의해 자신감이 달라지고 배움에 대한 자세가 달라지는 아이들이다. 재미있는 책을 통해 자발적인 동기를 키워 나가도록 해야 한다.

도움이 되는
독서활동들

🌱 그림 살펴보기

경계선 지능을 가진 아이들은 책에 대해 '글을 읽고 내용에 대해 이야기하거나 이해해야 한다'는 선입견을 많이 가지고 있다. 아마도 교사나 부모들이 책 읽기를 하면서 아이들에게 무의식 중에 심어준 생각일 것이다. 그러나 책에는 글뿐 아니라 그림이 실려 있어서 글로 표현하지 못하는 등장인물의 마음이나 배경 상황을 보여주기도 한다. 주인공의 표정, 배경을 표현하고 있는 미술기법들이 다양한 그림책을 보면서 책이 읽기 위한 것이기도 하지만 그림을 통해 말로 표현하지 못하는 다양한 감정과 상황들을 생각해보도록 한다면 경계선 지능을 가진 아이들에게 정서적으로, 인지적으로 크게 자극받는 경험이 될 것이다.

낱말 놀이

경계선 지능을 가진 아이들은 어휘가 매우 부족하다. 책을 부담스러워하고 이해력이 부족한 것처럼 보이는 이유도 부족한 어휘 때문이다. 따라서 독서활동을 할 때 의도적으로 어휘 확장을 하기 위해 놀이를 포함시킬 필요가 있다. 예를 들어 끝말잇기, 낱말퍼즐, 낱말빙고, 낱말 카드 맞추기 등 새로운 어휘 습득을 위한 놀이를 개발하여 매 회기 진행하도록 권한다.

낱말 놀이를 위해 다음 준비물을 갖추어도 도움이 된다.

- 낱말 카드
- 그림 카드
- 동작 그림 카드

스토리텔링

독서에서의 스토리텔링은 책 속의 이야기를 감정을 넣어서 생동감 있게 듣는 사람에게 전달하는 것을 말한다. 등장인물이나 동물의 동작과 소리를 과장되게 표현하거나 표정을 재미있게 지어가면서 이야기를 하는 것이다. 이러한 스토리텔링은 독서에 대한 재미를 더하여 듣는 사람의 집중력을 높여주고 자기도 모르게 이야기에 몰입하게 만든다. 경계선 지능을 가진 아이들과 독서를 할 때 처음에는 교사나 부모가 스토리텔링을 주도하면서 즐겁게 몰입할 수 있는 분위기를 제공하고 나중에는 경계선 지능을 가진 아이들이 직접 스토리텔링에 참여하여 자신감 있게 말해보는 경험을 하도록 하면 좋다.

감정을 말하고 표현해보기

책 속에는 다양한 인물들이 등장한다. 그들은 이야기 속에서 슬퍼하고 기뻐하기도 하며 화를 내거나 속상해 하기도 한다. 경계선 지능을 가진 아이들이 등장인물들의 다양한 감정을 접하게 되면, 자신이 겪었던 비슷한 감정들과 비교해보면서 공감하는 능력을 기르게 된다. 독서활동에서는 등장인물들의 감정을 이해하고 공감하는 활동을 포함시켜서 경계선 지능을 가진 아이들이 타인의 감정을 정확하게 읽고 공감할 수 있는 능력을 가질 수 있도록 도와야 하며, 자신이 겪었던 감정을 스스럼없이 표현할 수 있도록 함으로써 억눌린 감정이 드러나고 말로 감정을 표현할 줄 아는 능력이 향상되도록 도울 수 있다.

독후 놀이활동

책을 읽고 나면 보통 책의 내용에 대해 이야기를 나누는 것으로 끝나기 쉬운데, 독후활동으로 다양한 놀이활동을 해보자. 놀이활동에는 보드게임이나 운동경기와 같은 활동이 들어갈 수도 있지만, 요리나 만들기 같은 창조적인 활동도 가능하다. 또한 아이클레이나 지점토와 같이 촉감이 부드러운 재질로 조형활동을 하거나 등장인물처럼 의상이나 가면을 쓰고 역할놀이를 해도 좋다. 이러한 놀이활동은 책의 내용에 대해 되새겨볼 수 있을 뿐 아니라 직접 등장인물이 되어 실제로 다양한 감정을 표현하거나 경험하게 만들기도 한다. 무엇보다 중요한 것은 독서활동에 대한 부담을 덜고 '놀이'라는 인식을 하게 함으로써 아이들이 자발적으로 책을 찾아서 읽을 수 있는 환경을 조성하는 것이다.

독후 놀이활동으로 다음과 같은 활동을 할 수 있다.

- 보드게임
- 탁구게임
- 색칠하기
- 그림 그리기
- 가면 만들기
- 아이클레이
- 매직콘 만들기
- 색종이 접기
- 오려서 만들기
- 요리하기
- 역할놀이

다양한
독서활동 프로그램

독서활동 프로그램은 매우 어린 나이의 유아에서부터 중고등학교 청소년에 이르기까지 다양한 대상으로 실시할 수 있는 프로그램이다.

경계선 지능 아동을 위한 통합적 접근의 독서활동

경계선 지능을 가진 아이들을 위한 독서 프로그램은 정서나 감정 읽기에 치우치거나, 내용을 이해하고 토론을 중심으로 하는 독서 지도에 치우치기보다는 '지식-감정 표현하기-또래관계'를 두루 경험해볼 수 있는 다양한 내용으로 구성된 통합적인 접근을 시도하는 것이 바람직하다. 그래서 아래 사례에서는 다양한 지식을 학습하는 내용과 사회적 관계를 배울 수 있는 내용, 감정을 인식하고 나누는 활동 등으로 다양하게 구성하였다.

다음은 2010년 사회적 기업 "연아혜윰(저자가 운영하는 심리치료 전문기관)"이 서울시교육청의 지원을 받아, 경계선 지능을 가진 초등학생을 대상으로 실시한 독서활동의 목록이다. 전체 60회기를 운영하였으나 실제로 적용하는 데 어려움이 있어, 3회기를 제외하고 자료를 실었다. 독후활동은 실제로 2010년에 실시한 것을 수정·보완하여 정리하였다.

회기	관련 자료	활동목표와 내용	독후 놀이활동
1	『난 말이야』	− 잘하는 것, 속상한 것, 슬픈 것 등에 대해 말해보기	한지로 책 만들기
2	『피튜니아, 공부를 시작하다』	− 어휘 공부 − 사건에 대한 스토리텔링 − 문제해결방법에 대해 말해보기	피튜니아에게 편지 쓰기
3	『아빠랑 함께 피자 놀이를』	− 기분이 좋지 않을 때 할 수 있는 일 말해보기 − 요리 순서 말해보기	요리활동 (피자 만들기)
4	『미술관에 간 윌리』	− 숨은 그림 찾기 − 그림이 주는 느낌을 말로 표현하기 − 그림에 나만의 제목 붙이기	그림과 액자 만들어 전시하기
5	『짧은 귀 토끼』	− 토끼의 외모에 대해 표현하기 − 단점을 극복했던 사람들에 대해 이야기 나누기 − 나의 단점 말하기	내가 좋아하는 사람들에 대해 웅변해보기
6	『훨훨 날아간다』	− 할아버지의 말소리와 행동을 흉내 내보기 − 스토리텔링 해보기	역할극 해보기 (할머니, 할아버지, 도둑)

7	『무지개 물고기』	– 물고기의 마음을 그림과 말로 표현해보기(감정단어 익히기)	– 여러 가지 도구를 사용하여 무지개 물고기 꾸며보기 – 역할극 해보기
8	『아빠 해마 이야기』	– 동물 이름 맞추기 – 여러 가지 물고기를 키우는 방법에 대해 알아보기	비닐우산과 두꺼운 종이를 이용하여 바다 속 꾸며보기
9	『시인과 여우』	– 마음에 드는 캐릭터와 마음에 들지 않는 캐릭터를 구분하고 이유 말하기	그림을 보면서 나만의 시를 지어보기
10	『우리 몸에서 무슨 일이 일어나고 있을까?』	– 코코코 게임하기 – 몸속에 들어간 음식에 대하여 말해보기 – 건강하게 지내기 위해 해야 할 일 말해보기	신체 기관의 이름 맞추기 대회
11	『돌멩이 수프』	– 동물들이 가지고 온 재료에 대해 이야기하기 – 여럿이 함께 하면 좋은 일과 혼자서 하는 것이 좋은 일에 대해 말해보기	요리활동
12	『케이크 도둑』	– 사건의 순서대로 이야기하기 – 뒷이야기를 상상해서 말해보기	재미있는 장면을 정해서 역할극 해보기
13	『그림 그리는 아이 김홍도』	– 김홍도의 그림을 보면서 따라 그리기 또는 색칠하기 – 여러 가지 직업에 대해 알아보기	어른이 되어 원하는 직업을 갖게 되었다고 가정하고 인터뷰 해보기 (역할극)
14	『와작와작 꿀꺽 책 먹는 아이』	– 헨리의 행동에 대해 스토리텔링하기 – 감정단어 사용하여 말하기	요리활동 (샌드위치)

15	『토끼와 늑대와 호랑이와 담이와』	– 어른들이 하지 말라고 했던 일에 대해 말해보기	손바닥 그림책 만들기
16	『숲 속으로』	– 몇 개의 낱말을 듣고 옛 이야기 꾸며서 말하기	자신이 만든 이야기를 그림으로 그려서 전시하기
17	『해치와 괴물 사형제』	– 해치의 능력과 괴물들에 대해 이야기 나누기	나만의 수호천사 만들기
18	『어깨동무 내 동무』	– 이야기 속의 놀이에 대해 이야기 나누기 – 요즘에 친구들이 하는 놀이에 대해 말해보기	민속놀이하기 (사방치기, 딱지치기, 여우야 여우야 등)
19	『까만 크레파스』	– 여러 가지 색깔이 들어가는 물건에 대해 말해보고, 그려보기	창의적 그림 그리기 (부분만 있는 그림을 보면서 생각나는 것 그리기)
20	『황소와 도깨비』	– 그림을 보면서 이야기 나누기 – 주인공의 성격에 대해 이야기 나누기	역할극 하기
21	『출렁출렁 기쁨과 슬픔』	– 여러 가지 기분을 나타내는 얼굴 표정 그려보기 – 자신이 기뻤을 때와 슬펐을 때를 이야기해보기	스피드 게임 (동작으로 표현된 감정 알아맞히기)
22	『여러 나라 이야기』	– 우리가 알고 있는 나라 이름 말해보기 – 5대양 6대륙 색칠하기 – 여러 나라 국기 색칠하기	나라 이름 빙고게임
23	『어두운 계단에서 도깨비가』	– 스토리텔링 – 어휘 확장을 위한 십자말놀이	역할극 하기 (재미있게 이야기 꾸며서 말하기)

24	『달팽이는 지가 집이다』	– 시를 분위기 있게 낭송하고 자신만의 시를 지어보기 – 마음에 드는 시를 정하고 느 낌과 생각을 말하기	바깥놀이 (사방치기 등 전래놀이)
25	『닭들이 이상해』	– 여러 종류의 새 이름과 특징 에 대하여 이야기 나누기 – 글을 읽고 알게 된 사실에 대 하여 자유롭게 이야기하기	삶은 계란 꾸미기
26	『단군신화』	– 개천절이 무엇인지에 대하여 이야기 나누기 – 사건의 순서대로 이야기 말 하기	낱말퀴즈
27	『우리 선생님이 최고야』	– 선생님께 야단맞았던 기억이 있는지 말해보기 – 기분이 안 좋은 친구를 위로 하는 방법에 대해 말해보기	학교 놀이하기 (시간표 정하고 역할극 해보기)
28	『얘들아, 이리와 놀자』	– '나처럼 해봐라 요렇게' 노래 를 부르며 게임하기 – 사진을 보면서 제목 정하기	사진 찍기 놀이 사진 전시회
29	『꿈의 궁전을 만 든 우체부 슈발』	– 슈발 아저씨의 생애를 적어 보기 – 4개 낱말을 정해서 이야기 요 약하기	여러 가지 직업을 정해 서 잘할 수 있는 것과 힘 들 것 같은 것을 구분해 보기
30	『선사시대』	– 인류 조상들의 이름에 대해 알아보고 논의하기 – 역사를 알아야 하는 이유에 대해 말해보기	보드게임
31	『내 동생 앤트』	– 형제가 있으면 좋은 점에 대 해 말해보기 – 심술겨루기 대회를 통해 속마 음 터놓기	당연하지 게임

32	『복 타러 간 총각』	– 나눔의 기쁨과 방법에 대해 이야기하기 – 돌부처를 만나 하고 싶은 이야기를 말해보기	역할놀이 (돌부처 놀이)
33	『여우의 전화박스』	– 이야기를 순서에 따라 논리적으로 말해보기 – 예쁜 어휘 찾아보기	스피드 게임 (낱말 맞추기)
34	『나의 행복한 하루』	– 자신의 하루를 돌아보면서 새롭게 하고 싶은 일을 정해보기	바깥놀이
35	『개미가 날아 올랐어』	– 개미에 관한 책 만들기 – 계절의 변화와 개의 한살이 배우기	바깥놀이
36	『피터와 늑대』	– 음악을 감상하고 여러 가지 악기에 대해 배우기	악기놀이
37	『난 뭐든지 할 수 있어』	– 서로 다름을 이해하고 받아들이기 – 자신의 잘하는 점과 못하는 점에 대해 솔직하게 이야기 나누기	스피치 대회(친구의 좋은 점을 발표하기)
38	『똑똑한 돈 이야기』	– 여러 나라의 지폐와 돈에 대해 알아보기	시장놀이(집에서 안 쓰는 물건 가져와서 가격 정하고 판매하기)
39	『나 좀 내버려 둬!』	– 감정에 대해 알아보고, 여러 가지 상황에서 자신의 감정이 어땠는지 알아보기	그림 그리기
40	『그림으로 읽는 중국 신화 1』	– 중국에 대해 이야기 나누기 – 핵심단어로 신화 스토리텔링하기	역할놀이 (신화 속 장면)

2부. 경계선 지능을 가진 아이와 함께 걷기

41	『문제아』	– 문제아가 무엇인지, 친구들이 어떻게 행동할 때 눈살을 찌푸리게 되었는지, 다른 사람들이 나를 어떻게 생각해주길 바라는지에 대해 생각하기	선생님 놀이 하기 (시험문제 내고 친구들이 맞추는 놀이)
42	『어린이를 위한 환경 보고서 물』	– 물의 순환과정에 대해 알아보기 – 오염과 환경보호에 대해 알아보기	정수기 만들기
43	『팥죽 할머니』	– 극본을 보고 줄거리 말해보기	연극놀이
44	『가만히 들여다 보면』	– 마음에 드는 시를 골라서 자기 생각 말하기	시를 써서 꾸미기
45	『우리에게 사랑을 주세요』	– 인권이 무엇인지에 대해 생각해보고, 인권을 잘 존중하는 사례에 대하여 이야기하기	다른 사람과 친구들이 어려움을 겪는 신문 기사나 인터넷 기사를 보고, 그림을 그리고 기사 쓰기
46	『어린이를 위한 우리나라 지도 책』	– 우리나라 지도책을 보면서 각 지명과 특색을 알아보기	지도에서 도시 찾기 놀이
47	『엄마 없는 날』	– 책을 읽고 생각나는 낱말을 떠올려보며 스토리텔링하기	명화 보고 그리기
48	『백두산 천지가 생겨난 이야기』	– 백두산 천지에 얽힌 전설을 이해해보기	지도에서 산 찾기 놀이
49	『why? 사춘기와 성』	– 남자와 여자의 차이가 무엇인지 자기 생각을 말해보게 하고 이성 친구를 사귀게 되면 좋은 점과 주의할 점에 대해 말해보기	바깥놀이 (여자 · 남자 편 갈라서 놀이해 보기)

50	『살아 있는 모든 것들』	- 책 속에 등장한 여러 동물들의 주인에 대해 이야기 나누기	색종이로 동물을 접어서 꾸며보기
51	『세계 명화와 함께하는 그리스 로마 신화』	- 그리스 로마 신화를 읽고 신들에 대하여 이야기 나누기	스피드 게임 (여러 신에 대해 알아맞히기)
52	『과학쟁이』	- 잡지 '과학쟁이'를 함께 살펴보고 나서 목차와 내용을 훑어보기	제목과 목차를 정해서 직접 잡지 만들기
53	『우리 누나』	- 눈을 가리고 그림을 그려보고, 여러 장애를 가진 사람들에 대해 알아보기	바깥놀이 (눈 가리고 술래잡기)
54	『세상을 뒤흔든 31인의 바보들』	- 여러 국적을 가진 위인들을 살펴보면서 배우고 싶은 점에 대해 말해보기	30살이 되었을 때를 상상해서 자화상 그리기
55	『사람이 누려야 할 권리 인권』	- 인권이 무엇인지에 대하여 알아보고, 사람들에게 존중해야 할 권리에 대해 말해보기	인권사전 만들기 (사람들이 존중받아야 할 인권을 적고 설명해보기)
56	『괜찮아』	- 내가 친구에게 도움을 받고 싶은 것과 도움을 주고 싶은 것에 대해 말해보기	바깥 협동놀이
57	『아하! 그땐 이렇게 싸웠군요』	- 여러 장군과 시대, 싸워야 했던 이유에 대해 말해보기	운동장 놀이 (오징어 가사이 등)

경계선 지능 아동을 위한 독서치료적 접근의 프로그램

장세희, 김성찬(2014)의 「독서치료가 경계선 지적 기능 아동에게 미치는 효과」, 김학조(2011)의 「초등학교 고학년 학습부진아를 대상으로 독서치료 프로그램이 자아존중감과 또래관계에 미치는 효과」와 장은주(2010)의 「독서치료 프로그램이 저소득 가정 아동의 자아존중감에 미치는 효과」 등의 연구를 살펴보면 독서치료 프로그램의 적용이 긍정적인 효과가 있음을 확인할 수 있다. 독서활동의 주요 매개체는 책인데, 최근에는 이야기(story)가 있는 책에서부터 시, 모든 인쇄된 글, 시청각 자료, 노랫말, 자신의 일기 등까지 확대되어 활용되고 있다. 독후 활동으로 일기 쓰기, 편지쓰기와 같은 창의적 글쓰기, 신체활동, 미술활동, 역할놀이와 토의 등을 통해 아동은 자신의 생각을 다양한 방법으로 표현할 수 있게 된다. 독서활동의 예를 간단히 살펴보자.

독서활동의 예

회기	동화책	활동내용
1	『나는 나의 주인』	내 사진 붙이기, 나를 그려보기
2	『세상에서 가장 아름다운 달걀』	삶은 달걀로 나만의 달걀 꾸미기
3	『겁쟁이 빌리』	걱정인형 만들기
4	『무엇이든 삼켜버리는 마법상자』	마법상자 만들기, 종이에 싫어하는 것을 써서 버리기
5	『우당탕탕, 할머니 귀가 커졌어요』	만화를 이용한 배려 책 만들기, 시간 흐름에 맞춰 이야기 구성하기

6	『천둥 케이크』	아이클레이로 천둥 케이크 만들기, 케이크 가게놀이
7	『똥은 참 대단해!』	똥에게 감사 편지 쓰기, 소화기관을 적고 명칭 적기
8	『아무도 모를거야, 내가 누군지』	전통 탈 모양 가면 만들기
9	『지각대장 존』	등장인물들 말풍선 만들기
10	『마술연필』	마술연필(스크래치 페이퍼)로 내 마음 표현하기
11	『친구를 모두 잃어버리는 방법』	주인공에게 편지 쓰기
12	『산에 가자』	낙엽 줍기, 낙엽왕관 만들기
13	『난 토마토 절대 안 먹어』	샌드위치 만들기
14	『느끼는 대로』	가족나무 만들기
15	『와글와글 정글친구』	띠 골판지로 물건 만들기
16	『달라도 친구』	이름으로 삼행시 짓기
17	『방귀쟁이 며느리』	폴라로이드 사진 찍기, 운동장에 나만의 나무 정하기, 키 재기
18	『늑대가 들려주는 아기돼지 삼형제 이야기』	색종이 집 꾸미기, 묵찌빠 게임
19	『흥부네 똥개』	뒷이야기를 상상한 글쓰기와 표현활동, 술래잡기
20	『황소와 도깨비』	주인공이나 단어 낱자로 단어 완성하기 게임
21	『봄이 오면』	그림책 속 장면 그림으로 표현하기
22	『구름빵』	풍선놀이와 꾸미기
23	『빈 화분』	화분 꾸며주기

24	『책 청소부 소소』	끝말잇기, 만다라 색칠하기
25	『똥떡』	내용 이해, 아이클레이로 만들기
26	『콧구멍만 바쁘다』	나만의 동시 짓기, 동시 속 단어를 사용하여 빙고게임하기
27	『팥죽 할머니와 호랑이』	아이클레이로 만들기
28	『열두 띠 이야기』	띠 동물 그리고 색칠하기
29	『빨강이 어때서』	뒷이야기 상상해서 글쓰기
30	『손 큰 할머니의 만두 만들기』	아이클레이로 만두 만들기
31	『집 나가자 꿀꿀꿀』	내가 살고 싶은 집 골라서 꾸며주기
32	『까막나라에서 온 삽사리』	신문지를 활용한 격파놀이
33	『치과의사 드소토 선생님』	등장인물을 친구에게 설명하고 맞추기, 색종이 접기
34	『할머니, 어디 가요? 쑥 뜯으러 간다』	단어 마인드맵 만들기, 클레이로 쑥개떡 만들기
35	『숲을 그냥 내버려 둬!』	우리 생활을 편리하게 해주는 것들 알아보기, 내가 만들고 싶은 발명품 그려보기

그룹 독서활동의 예

회기	주제	활동내용
준비 (1~3회기)	마음 열기	신문을 통한 활동과 시작하는 마음가짐과 자세에 대해 이야기 나누기, 교우관계와 가정생활에 대한 탐색
초기 (4~10회기)	그림책 읽기를 통한 생각 펼치기	다양한 주제를 가진 그림책을 읽고, 느낌이나 생각을 표현하는 활동
중기 (11~20회기)	인물을 통한 생각 키우기	우리나라와 세계의 위인들에 대해 알아보고 그들의 삶을 통해 배우기
후기 (21~30회기)	다양한 책을 통해 생각 다지기	이전의 활동내용을 바탕으로 여러 종류의 책을 접하고 유추와 추론능력을 활용하여 문제 해결하기
마무리 (31~35회기)	전통과 지혜에 대해 알기 마무리하기	전통의 아름다움에 대해 알아보고 조상들의 지혜 배우기, 독서활동 마무리하기

독서활동의 구체적인 예

활동명	강아지똥(권정생, 1996)
활동목표	책을 읽고 내용을 이해하기
활동방법	책읽기 1) 참여자가 한 단락씩 돌아가면서 소리 내어 읽는다. 2) 돌아가면서 읽은 책의 줄거리를 이야기해 본다. 3) 이해, 이야기 나누기: 교사는 참여자에게 질문카드를 뽑게 한 후 자신이 뽑은 질문에 대해서 답하게 한다. 질문 카드에 답하기 – 어느 장면이 가장 인상 깊었니? – 강아지똥을 다른 친구들이 싫어한 이유는 뭘까? – 똥덩이는 자신이 어떤 잘못을 했다고 생각하니? – 너는 흙덩이의 생각을 어떻게 생각하니? – 강아지똥은 민들레의 말을 듣고 왜 기뻐했을까? – 똥덩이는 강아지똥에게 착하게 살라고 하는데, 어떻게 사는 것이 착하게 사는 걸까?
정리활동	– 내용을 기억하면서 느낀 점을 말하기 – 다음 시간에 하게 될 활동에 대해 알려주기
관련 활동 1	활동목표: 자신과 동화 속의 주인공을 동일시하고 주인공의 느낌을 자기화한다. 활동: 고무찰흙으로 등장인물 만들기, 강아지똥이 되어 느낌 말하기 활동내용 1) 교사는 지난 시간의 활동을 참여자들에게 상기시키고, 이번 시간에 하게 될 활동을 소개한다. 2) 교사는 고무찰흙으로 강아지똥과 민들레를 만든다. 3) 교사 자신이 강아지똥이 되어 자신의 느낌을 이야기한다. 정리활동 1) 강아지똥처럼 남을 위해서 기쁜 일을 한 적이 있다면 무슨 일이었는가를 말한다. 2) 이번 활동을 마친 후의 느낌을 말한다.

관련 활동 2	활동목표: 자신의 장점과 단점을 살펴보고 말하면서 자신을 발견한다. 　　　　　자신이 사랑받고 사랑하는 존재임을 알고 자신감을 가진다. 활동: 나의 장점과 단점 말하기, 　　　나를 사랑해주는 사람과 내가 좋아하는 사람에 대해 말하기 활동내용 1) 교사는 지난 시간의 활동을 참여자들에게 상기시키고, 이번 시간에 하게 될 활동을 소개한다. 2) 참여자가 자신의 장점과 단점을 질문지에 쓰고 이야기한다. 3) 참여자가 자신을 사랑해주는 사람들을 질문지에 쓰고 준비해온 사진을 보여주며 발표한다. 질문지 1. 나의 장점은 무엇인가요? 2. 나의 단점은 무엇인가요? 3. 내가 좋아하는 친구는 누구인가요? 그 친구의 장점을 써보아요. 4. 나를 좋아해주는 친구는 누구인가요? 나의 어떤 점을 좋아하는지 써보아요. 5. 내가 좋아하는 가족, 선생님, 이웃 사람들을 쓰고 그 이유를 써보아요. 6. 나를 좋아해주는 가족, 선생님, 이웃 사람들을 쓰고 그 이유가 무엇일지 써보아요.

부모와 아이가 함께하는
책 읽기 활동

할 수만 있다면 책 읽기와 독후활동은 가정에서도 꾸준히 진행하는 것이 좋다. 기본적으로 언어발달에서 지체를 보이고 있는 경계선 지능 아이들을 위해서는 가정에서 독서 지도를 꾸준히 진행하는 것이 큰 도움이 된다.

짧고 쉬운 책

경계선 지능 아이들은 정서적 동기에 의해 활동의 성과가 크게 달라진다. 즉 자신에게 적당하다고 여겨지는 과제나 책이 주어졌을 때, 더 잘할 수 있다는 자신감을 가지게 되어 적극적으로 학습과 활동에 참여하게 되고 그 성과도 더 커지게 된다. 이런 점에서 가정에서 책을 선택할 때는 또래 학년이나 연령을 고려하기보다는 자녀가 흥미를 가질 만한 쉬운 책을 선택해야 한다. 책에 적혀 있는 글자의 수도 적은 것이 좋고, 글자만 있는 것보다는 따뜻하고 매력적인 그림이 들어 있는 책이 더 좋다. 지식에 대한 습득보다 경계선 지능을 가진 아이들이 스스로 책에 흥미를 가지고 찾아볼 수 있도록 자극하는 것이 더 필요하기 때문이다.

아동이 흥미 있어 하는 주제

아이들이 읽는 책의 주제는 매우 다양하다. 애완견이나 야생의 동물에 관한 주제도 있고, 다른 나라와 문화에 관한 주제도 있다. 또한 모험과 사랑에 관한 주제도 있으며, 미스터리나 탐정에 관한 주제도 있다. 이렇듯 다양한 주제들은 개인의 취향이나 관심에 따라 다를 수 있기 때문에 평소 자녀의 관심사를 살펴서 되도록 관심을 가지는 주제에 관한 책을 선택하면 좋다.

낱말의 뜻

모르는 낱말이 많이 나오는 책은 어른들에게도 그다지 관심을 받지 못한다. 읽어도 무슨 내용인지 모르기 때문이다. 마찬가지로 경계선 지능을 가진 아이들에게는 모르는 낱말이 큰 걸림돌이 된다. 항상 책을 읽기 전에 모르는 낱말이 있는지 없는지를 살펴서 일상생활과 연결하여 설명해줄 필요가 있고, 부모가 설명하기 난처한 낱말이 나오면 자녀와 함께 사전을 찾아보는 것도 좋다. 습관을 들인다고 자녀에게 사전을 찾아보도록 하는 것은 오히려 흥미를 떨어뜨릴 수 있으므로 자녀가 스스로 원하기 전까지는 부모가 사전을 찾아서 쉽게 설명해주는 것이 좋다.

책 읽기는 조금, 이야기 나누기는 많이

어떤 부모들은 책 읽기를 마치면 다른 책을 가지고 오라고 해서 읽어준다. 많은 책을 읽는 데 관심을 두기 때문이다. 경계선 지능을 가진 아이들은 언어표현에서 큰 어려움을 보인다. 따라서 책을 한 권 읽고 나서 책에 관한 느낌이라든지, 그저 생각나는 이야기라든지, 주인공에 대한 의견이라든지, 다른 결과를 생각하면 어떻게 될지 등에 대하여 많은 이야기를 나눌 필요가 있다. 말이 많고 대화를 조리 있게 할 수 있는 경계선 지능 아이라면 일상생활도 잘해낼 수 있다. 되도록 이야기를 많이 나눌 수 있도록 부모와 자녀가 수다쟁이가 되는 것이 필요하다.

시 써보기

시는 짧은 문장으로 마음을 표현하는 좋은 활동이다. 문법적으로 맞지 않아도 쉽게 쓸 수 있다. 책을 읽고 자신의 마음을 시로 적어보는 활동을 함으로써 쓰기능력을 증진시킬 수 있고 쉽게 글쓰기에 대한 동기를 높일 수 있다.

짧은 문장 만들어보기

이야기책을 읽고 생각나는 낱말을 3개만 말해보도록 하고, 3개의 낱말을 이용하여 짧은 문장을 만들어보는 게임을 해본다. 논리적 문장 만들기에 서툰 경계선 지능을 가진 아이들이 쉽게 문장 만들기에 도전할 수 있는 기회가 된다.

🌱 소리 내어 읽기

경계선 지능을 가진 아이들 중에서 약간의 발음 문제를 가지고 있는 아이들이 있다. 이는 책을 소리 내어 읽을 때 위축이 되게 만드는 원인이 된다. 그러나 그럴수록 소리 내어 읽기를 반복해서 연습해볼 필요가 있다. 자녀가 발음이 조금 부족하더라도 지적하지 말고 소리 내어 읽기 활동을 해보면 주의력도 좋아지고 내용에 대한 숙지도 잘 되어 이해력도 높아지는 효과를 얻을 수도 있다.

독서활동에 적절한 그림책 목록

소재	
자아정체성, 자신감	『강아지똥』, 『세상에서 하나뿐인 특별한 나』, 『나는 내가 좋아』, 『까만 아기 양』, 『야구공』, 『뛰어라, 메뚜기!』, 『줄무늬가 생겼어요』, 『나는 나의 주인』, 『날고 싶지 않은 독수리』, 『나도 최고가 되고 싶어요』
열등감	『내 귀는 짝짝이』, 『개와 고양이의 영웅 플릭스』, 『내 방귀는 특별해』, 『작지만 대단해』
가족	『터널』, 『내 동생』, 『우리 엄마』, 『돼지책』, 『고릴라』, 『우리 할아버지』, 『안 돼 삼총사』, 『아빠는 지금 하인리히 거리에 산다』, 『따로 따로 행복하게』
친구	『미안해』, 『우리 친구하자』, 『무지개 물고기』, 『까마귀 소년』, 『까막눈 삼디기』, 『내 짝꿍 최영대』, 『양파의 왕따 일기』, 『초대받은 아이들』
상실의 아픔 극복하기	『아버지와 딸』, 『죽으면, 아픈 것이 나을까요?』, 『끔찍한 것을 보았어요』
정서	『겁쟁이 빌리』, 『어둠을 무서워하는 꼬마 박쥐』, 『율리와 괴물』

09

정서적 유연성과
성취감을 주는 미술활동

경계선 지능을 가진 아동에게 미술활동 지도는 심리적 · 정서적 갈등을 완화시켜줌으로써 보다 더 편안하게 삶에 적응할 수 있도록 도와준다. 미술이라는 매개를 활용하여 잠재력을 발달시킨다는 점에 있어서 미술치료와 미술교육은 공통점을 지니고 있지만, 분명한 차이점이 있다. 미술교육은 미적인 감각교육과 기술 전달에 목표가 있다고 한다면, 미술치료는 대상자의 정서, 행동, 인지 등의 치료를 주된 목표를 두고 있고 대상자를 보호하고 개인의 기본 요구를 기본으로 하며 자아실현과 자기만족을 이끄는 데 주력한다. 경계선 지능을 가진 아동을 위한 미술활동은 미술치료적 접근에 더 가깝다고 볼 수 있으므로, 본 장에서는 미술치료적 접근의 미술활동이 경계선 지능 아동에게 미치는 영향과 구체적 활동에 대해 살펴보도록 하겠다.

미술활동에서의
경계선 지능 아동의 발달적 특징

경계선 지능을 가진 아동은 영역별 발달의 불균형을 보이며, 이로 인해 잠재된 능력과 성취 능력 간의 차이가 크게 나타난다. 언어성 지능은 평균이지만 동작성 지능이 경계선 수준이어서 전체 지능이 경계선 지능을 나타내는 경우도 있고, 그 반대인 경우도 있다. 예를 들어 만들기나 그리기는 매우 우수한 데 비해 글이나 수를 읽고 쓰는 데 있어서는 또래보다 2년 이상 지체되거나 딴소리를 하는 아동이 있을 수도 있고, 반대로 말은 잘 이해하고 언어표현도 무리 없이 하지만 동작성 지능이 경계선 수준이라 그림을 그리거나 풀칠이나 가위질, 색칠하기, 만들기, 조각 등의 미술활동에서는 또래보다 매우 미숙한 경우가 있을 수 있다.

능력이 생활연령이나 또래 학년에 근접하게 성장하지 못함으로써 경계선 지능을 가진 아동의 미술활동은 매우 미숙하고 심미감이 떨어지며 완성 속도가 느리다는 평가를 듣게 된다. 이로 인해 아동은 위축되고 우울해할 수 있다. 많은 경계선 지능을 가진 아동은 내적으로 가지고 있는 능력을 표현하는 기술이 서투르기 때문에 심리적으로 불편감을 갖고 있는 경우가 많다. 예를 들면 해소되지 않는 스트레스로 인한 우울감, 다른 사람으로부터 이해받지 못해서 생기는 억울함과 분노감, 수동적 공격성을 보이는 경우를 흔히 볼 수 있다.

또한 경계선 지능을 가진 아동의 가장 큰 발달적 특징으로 지적되고 있는 사회인지 기능의 결함은 미술활동의 발달 특성에서도 드러난다. 경계선 지능을 가진 아동은 상호작용의 폭이 제한되어 있을 뿐만 아니라, 다양한 상호작용을 정확하게 이해하고 적절하게 반응하지 못하여 사회적 상호작용을 원활하게 하지 못한다. 즉 다른 사람의 입장을 고려하거나 상황에 대한 정확한 판단을 내리는 데 어려움이 나타나기 때문에 잘못된 반응을 하게 된다. 또래가 자신을 도와주려고 하는지, 놀리는 것인지를 정확하게 파악하지 못하기 때문에 표현되는 말 그대로를 믿고 잘못된 반응을 하게 되고, 다른 사람들이 싫어하는 장난을 반복적으로 하기도 한다. 경계선 지능을 가진 아동은 상호작용에 있어서도 수동적인 입장을 취하며 자신의 감정을 조절하는 능력이나 주의집중 및 통제 능력, 규칙을 이해하고 준수하는 능력이 부족하여 자기중심적으로 행동하기 때문에 사회적응에 어려움이 나타나게 된다. 이런 문제로 인해 청소년기의 학업과 진로 결정에 어려움이 나타나고, 성인이 된 후의 사회생활에 있어서도 합리적인 의사결정 시에 지속적으로 문제로 나타나게 되므로 교사의 개입과 지도가 필요하다.

미술활동이
경계선 지능 아동에게 미치는 영향

 ## 창조성과 신체적 에너지의 발산

미술활동을 통해 자신의 감정을 표현하고 토론하고 감상하고 정리하는 과정에서 경계선 지능을 가진 아동은 점차 활기찬 모습을 보인다. 이야기를 더 많이 하게 되고 표정이 밝아지며, 다른 사람의 작품에도 관심을 보이게 되는 등 긍정적인 행동 변화가 나타나게 된다. 이는 창조적 에너지의 발산 과정으로 볼 수 있으며, 자신에 대해 바른 의미를 부여할 수 있도록 도와준다.

방어의 감소 및 성취감

미술활동은 비언어적 활동이므로 통제를 적게 받아 방어를 감소하는 데

효과가 있다. 옳고 그름을 판단하는 것이 아니고 작품을 통해 우연히 자신의 능력을 찾아내기도 하고, 스스로에 대한 통찰이 일어나면서 내면을 억누르고 있던 방어가 줄어들어 편안해진다. 또한 미술작품이 남게 됨으로써 눈으로 자신이 만든 작품을 보고, 직접 보관하면서 뿌듯함을 느낄 수 있다. 자신이 좋아하는 색이나 재료를 선택하고 손으로 만지고 구성하는 과정에서 경계선 지능을 가진 아동은 정서적 유연성과 더불어 성취감을 경험해볼 수 있다. 자신이 만든 작품에 대해 피드백을 받고 보관하면서 작품을 만들었던 경험을 회상해봄으로써 만족감이 지속될 수 있다.

🌱 관계파악능력 향상

미술활동은 공간의 연관성들이 발생하면서 경험을 동시에 나타낼 수 있다. 원근감, 결합과 분리, 유사점, 차이점, 감정, 특정한 속성, 가족생활, 환경 등을 표현할 수 있게 도와줌으로써 개인과 개인이 속한 집단의 성격을 이해하기가 쉬워진다. 따라서 미술활동에 집중하면, 경계선 지능을 가진 아동에게 부족한 주의집중력과 함께 다양한 관계를 자연스럽게 이해하고 표현하는 데 도움이 된다. 그룹 미술활동을 통해 다른 사람의 감정을 이해하고 자신의 감정을 표현해볼 수 있으며, 협동 작품 구성을 통해 학급에서 경험하지 못했던 사회적 상호작용의 기회를 얻을 수 있게 되어 대인관계 능력이 증진된다. 즉 미술활동은 미술작품 부분 간의 관계에 대한 이해에서 시작하여 사회적 관계의 이해와 적용에까지 확장시킬 수 있다는 장점이 있다.

경계선 지능 아동을 위한
미술활동 프로그램

미술치료적 접근의 미술활동의 과정은 일반적인 심리치료나 상담의 과정과 유사하다. 일반적인 과정은 아래의 표와 같다.

미술치료적 접근의 활동 과정

단계	내용
초기	규칙 정하기, 시간 지키기, 주요한 호소 문제 확인, 라포르(두 사람 사이의 공감적인 인간관계) 형성하기 등이 이루어진다.
중기	감정이 표출되면서 양가감정과의 투쟁, 전이, 역전이 등의 감정이 표현되는 단계로, 점차 깊은 문제를 노출하게 되는 단계이다.
말기 및 종결	긍정적인 자기 이미지, 자기통제, 유머 등을 표현하며 치료 초기에 가져온 주요한 호소 문제가 해결되는 단계이다. 목표 도달 수준을 서로 파악하게 되면서 함께 종결을 준비하게 된다.

미술활동을 위한 기법으로는 인물화, 과제화법, 나무 그리기 법, 집-나무-사람 검사(House-Tree-Person Test), 가족화에 의한 성격 진단검사, 난화, 점토 만들기, 콜라주, 자아감각 발달법, 그림 완성법, 집단 만다라 벽화 그리기 법, 과거 · 현재 · 미래 그리기, 조소 활동법과 같은 다양한 기법이 있다(조창주, 2010). 이와 같은 다양한 기법을 이용한 미술활동 프로그램을 영역별로 제시하면 아래와 같다.

활동영역	목적	활동명
미래에 대한 대비	자신의 정체성에 대한 의미 파악	타임캡슐 만들기
	마음속 생각 이끌어 내기	나만의 특별한 보물지도 만들기
	감성 자극, 충동성 완화	식물 관찰 그림 그리기
	소중하게 간직할 수 있는 물건의 의미 관찰	주머니 만들기-스텐실
	어두운 곳에서의 삶의 희망 찾기	스크래치-긁어서 그림 표현하기
대인관계 확대	가족 간의 결속력 다지기	물고기 가족 모빌
	가족구성원의 역할 이해	손바닥 본떠 우리 가족 표현하기
	가족의 얼굴 특징 표현	자갈로 가족 얼굴 만들기
	대중 속의 자신감 표현	수수깡 목걸이 만들기
	치료사에게 자신의 마음을 솔직하게 표현	'다섯 가지 표정' 표 만들기
	마음의 전달매체 만들기	실로 전화기 만들기
	가족 구성원의 선입견 알기	과자로 꾸민 우리 가족 얼굴

충동성 감소와 긴장 이완	창조와 생각의 즐거움	색 비눗방울 그림
	성취의 기쁨과 충동완화	병으로 실로폰 만들기
	정서 안정	벽장식 색풍선 만들기
	발이 창조하는 새로움	신발자국 그림 그리기
	안정된 심리표현	면도크림 핑거 페인팅
	아동의 스트레스 해소	세단기 충동 해소 활동
	충동성의 이완	눈 가리고 그림 그리기
	정서 안정	점과 선으로 구성하기
자신감 향상	소중한 아동 자신의 의미 갖기	셀 액자 만들기
	표현감각 익히기	목공 조형물 만들기
	기대감의 충족, 자신감	데칼코마니 부채
	창조의 기쁨	자기 컴에 메시지 새기기
	성취감에 따른 자신감	면 티셔츠 꾸미기
창의, 집중, 생각	그림에 현재 마음상태를 투사하여 알아보기	물감 떨어뜨려 그림 그리기
	게임을 하며 정신집중	윷 만들기 조형활동
	집중력	천사점토 CD 액자
	재활용의 창의성 유도	모형기구 만들기
	창의적 생각에 대한 자신감 부여	나무판에 사람 얼굴 꾸미기

참고: 최희선(2006), 「활동영역별 미술치료 프로그램」

✲ 교사의 역할

교사는 경계선 지능을 가진 아동의 발달적 특성에 대해 이해하고 있어야 하며, 각 아동의 특성별로 소근육 조절 협응력, 인지적 구성력, 주의집중력 및 끈기, 아동의 강점과 단점, 가족력, 학교생활 등에 대해 정확하게 파악해야 한다. 교사의 아동에 대한 정확한 이해는 미술활동의 계획과 진행을 원활하게 하는 가장 기초적인 요건이다.

아동의 내적 요구나 표현과 발상에 민감하게 반응할 수 있어야 한다. 아동이 선호하는 색, 도구, 미술활동 등에 대해 교사가 허용적으로 반응해주고, 아동 중심적으로 활동을 진행할 수 있는 환경을 마련해주어야 한다.

경계선 지능을 가진 아동이 스스로 만든 작품에 대해 만족감을 갖지 못하거나 교사에게 지속적으로 도움을 요청할 경우가 있다. 아동이 작품을 구성하는 것이 아니라 교사가 완성해주는 활동이 되지 않도록 주의해야 할 것이다. 미술활동을 할 때 자신감이 없거나 걱정이 많은 아동의 경우, 초기에는 교사가 구체적으로 도와주고 격려해주면서 개입해주다가 점차적으로 아동 스스로 구성하여 완성할 수 있도록 도움의 정도를 줄여나가야 한다.

교사는 미술활동의 다양한 기법 가운데 대상이나 목적에 맞게 매체나 기법을 선택하여 제공함으로써 아동이 자신의 감정을 자유롭게 표현하고, 인지적 · 정서적 만족감을 경험할 수 있도록 지원해야 한다.

♥ 부모의 역할

자녀의 미술작품을 있는 그대로 칭찬해주고, 구체적으로 잘한 점에 대해 피드백을 주는 것이 중요하다. "이건 이렇게 그려야지. 이렇게 하면 더 좋겠다"와 같이 부모의 생각을 아이에게 강요하는 것이나 "우와 너무 멋지다. 우리 ○○가 최고다"라는 식의 모호한 칭찬은 효과적이지 않다. 아이의 작품에 대한 소개를 듣고 그 자체를 인정해주는 것이 중요하고, "사슴 눈이 정말 너무 예쁘구나! 정말 사슴을 보는 것 같아", "산타할아버지의 수염이 너무 부드러워 보여서 할아버지가 더 멋져 보여"와 같이 구체적으로 칭찬해주는 것이 중요하다. 부모의 기준이 아닌 아이의 기준에 맞추어 작품을 봐주고 칭찬해주면, 아이는 더 신나게 미술활동에 참여하게 될 것이다.

아이가 좋아하는 색과 활동에 대해 관심을 가지고 함께해주고, 작품을 소중하게 간직해주고자 하는 부모의 마음을 자녀에게 전하는 것이 좋다. 너무 많은 작품을 집안에 전시하는 것이 부담된다면, 사진을 찍어서 작품집이나 포트폴리오로 만들어보는 것도 좋은 경험이 될 것이다.

10

사회성 지도,
어떻게 해야 할까?

경계선 지능 아동을 지도하는 많은 교사와 실무자들이 가장 많이 걱정하는 것은 바로 사회성이다. 이들은 인지능력이 낮기 때문에 상황에 대한 이해력이 낮고, 상황에 적합한 문제해결방법을 찾는 데 어려움을 겪는다. 또한 부족한 언어능력으로 인해 친구들과의 의사소통에서 어려움을 겪고 자신의 생각을 조리 있게 표현하기 어려워서 말보다 감정이 앞서거나 속상한 마음을 폭발적으로 드러내기도 하여 사람들로 하여금 이해력의 부족과 더불어 정서 조절의 어려움도 있다고 생각하게 만든다. 겉으로 드러나는 이들의 행동은 함께 생활하는 교사나 실무자들을 매우 난처하게 만들곤 한다.

경계선 지능 아동들의
사회성 문제

교사와 실무자들은 경계선 지능을 가진 아동들에 대하여 다음과 같은 고민들을 한다.

- 겉으로 드러나는 문제 행동(공격적 행동, 과잉행동 등)을 어떻게 도와주어야 하는가?
- 상황에 적절하게 행동하도록 하려면 무엇을 가르쳐야 하나?
- 어린아이와 같이 행동하는 것은 어떻게 지도해야 하는가?
- 친구들로부터 따돌림이나 괴롭힘을 당하지 않게 하려면 어떻게 해야 하나?
- 친구들과 잘 어울리게 하려면 무엇을 가르쳐야 하나?

❦ 친구 사귀기의 어려움

경계선 지능을 가진 아이들이 모두 그런 것은 아니지만 대체로 또래들과 상호작용하는 것을 매우 어려워하고, 주변을 맴도는 경우가 많다. 친구들 사이에 들어간다고 해도 오랫동안 놀이를 함께하거나 대화를 오래하지 못하고 금세 무리 밖으로 밀려나는 경우가 많다. 친구들이 따돌리는 경우도 있지만 이들 스스로 빠져나오기도 한다. 그러나 항상 친구들과 어울리고자 하는 욕구는 강해서 친구들 무리를 멀리서 바라보거나 친구들이 무엇을 하는지 궁금하여 잠깐씩 들여다보곤 한다.

경계선 지능 아동의 특징
- 친구 사귀기에 대한 욕구가 강하지만 잘 어울리지 못한다.
- 먼저 친구에게 놀자고 청하지 못한다.
- 친구들이 놀고 있는 방법을 잘 알지 못하여 지켜보기만 한다.
- 친구들이 하는 대화의 내용을 이해하지 못하여 잘 끼지 못한다.
- 또래 아이들이 하는 놀이를 잘할 줄 모른다.
- 놀이를 함께하다가 먼저 싫증을 내고 그만하고 싶어 한다.
- 친구들 주변을 맴돈다.
- 자기에게 말을 걸고 함께 무엇인가 해주는 친구를 좋은 친구라고 생각한다.
- 강하거나 힘센 친구를 좋아한다.

협동이나 모둠활동의 어려움

경계선 지능을 가진 아이들은 유달리 문제해결 속도가 느리고 야무지게 자기 역할을 하기 어렵다. 그래서 친구들과 협동작업을 하거나 모둠활동을 할 때 뒤처지거나 잘하지 못한다고 눈총을 받기도 한다. 협동상황에서는 자기 역할을 야무지게 잘해내고 심지어 다른 친구들을 도와주는 또래가 인기가 많다. 정반대의 성향을 가진 경계선 지능을 가진 아이들은 이러한 협동상황에서 눈치를 보게 되고 소외되기 쉽다. 이는 낮은 자기효능감의 원인이 된다. 협동활동이 성과 중심이 아니라 협동하는 그 자체의 과정 중심이 될 때 이들이 사회성을 발달시킬 수 있을 것이다.

놀이 방법을 잘 알지 못함

또래들과 함께 어울리기 위해서는 그들만이 공유하는 놀이 방법에 유능해야 한다. 그러나 대부분의 영역에서 미숙함을 보이는 경계선 지능 아이들은 또래들의 놀이 방법에 능숙하지 못한 경우가 많다. 또래들 사이에서 지내다보면 저절로 능숙해지는 놀이법이 이들에게는 아무리 해도 잘할 수 없는 것으로 여겨진다. 그래서 간단한 보드게임이나 딱지놀이, 컴퓨터 게임은 하기 어려워하고, 뛰어다니며 노는 방식을 좋아한다.

그러나 또래들의 놀이는 그다지 어렵지 않다. 잘하지 못한다는 이유로 아예 하지 않기 때문에 실력이 늘지 않는 것이다. 경계선 지능을 가진 아이들을 위해서는 또래들의 놀이법에 익숙해질 수 있는 기회를 주어야 하고, 자주 연습을 해서 또래들만큼 실력을 향상시켜야 한다. 아무리 어린아이들이라도 함께 놀 수 있는 무엇인가가 없는 친구와는 함께 있고 싶어 하지 않기 때문이다.

행동이 느리고 민첩하지 못함

한창 나이의 또래들과 어울리기 위해서는 그들의 속도에 맞출 수 있는 신체발달이나 운동발달이 이루어져야 한다. 그러나 경계선 지능을 가진 아이들은 행동이 느리고 민첩하지 못하다. 운동발달이 또래만큼 잘 되지 못하였기 때문이다. 이들은 뛰어다니는 놀이는 좋아할지라도 운동은 좋아하지 않는다. 전반적으로 행동이 느리고 민첩성이 떨어지기 때문이다. 성장기 아이들은 행동발달이 빠르고 반응하는 속도도 점점 빨라지기 마련이다. 그러나 운동신경이 둔하고 행동반응성이 느린 경계선 지능 아이들은 행동발달도 전반적으로 느리다. 그래서 친구들의 속도에 잘 맞추지 못하여 뒤처지는 상황이 자주 벌어진다.

자기변호, 자기의사표현을 잘하지 못함

경계선 지능을 가진 아이들은 언어표현력이 다소 부족하다. 대인관계에서 언어표현은 여러 가지로 중요하다. 자기에게 불리한 상황이 되었을 때 적절하게 변명을 하거나 자기변호를 해야 하는데도 그렇지 못해서 엉뚱하게 다른 사람들의 잘못을 뒤집어쓰기도 하고, 실제로 자기가 저지른 잘못보다 훨씬 크게 잘못한 것으로 오해를 받기도 한다. 또한 또래들과 놀이를 하거나 대화를 하는 도중에 강하게 자기의사를 표현해야 하는 경우에도 그렇지 못해서 자기가 원하는 방향으로 놀이나 대화가 이끌어지지 않기도 한다.

특히 학교에서 지적을 자주 당하는 아이들의 경우에는 자기 속마음을 잘 표현하지 못해서 나쁜 감정이 쌓이거나 분노감정을 풀지 못하고 지낼 수도 있다. 경계선 지능을 가진 아이들과 함께 생활하는 어른이나 친구들은 이러한 특성을 잘 이해하여 먼저 속마음을 알아줄 필요가 있다.

감정 조절을 잘하지 못함

경계선 지능을 가진 아이들은 그때그때 자기감정을 풀고 지내기 어렵다. 의사소통능력이 부족하고 상황에 대한 대처능력이 미숙한 이들에게는 사소한 일에도 부정적인 감정이 쌓이게 되고 스트레스를 자주 받는다. 평소 잘 표출하지 못하던 감정들은 엉뚱한 상황에서나 별것도 아닌 상황에서 분노로 폭발하게 되어 주변 사람들에게 이해받지 못하는 행동을 하는 것처럼 비춰질 수 있다.

상황에 적절하게 감정표현을 하지 못하는 것을 감정 조절의 어려움이 있다고 말하는데, 경계선 지능을 가진 아이들은 그때그때 해소하지 못한 감정이 쌓여서 폭발하듯 감정을 표현하기 쉽다. 또한 상황에 대한 이해력이 부족한 이들은 자주 오해를 하여 전혀 기분 나쁜 상황이 아닌데도 화를 내기도 한다. 이러한 모습은 피해의식이 있는 사람으로 오해받기 쉽다.

어린아이처럼 순진함

경계선 지능을 가진 아이들의 성향은 기본적으로 어린아이와 같이 순진하다. 다른 사람들의 말을 쉽게 믿고 야단을 맞을까봐 겁을 자주 먹으며, 자신에게 잘해주는 사람에게 매우 친근하게 대하면서 의존성을 보인다. 이러한 특성은 교실에서 자신의 성향을 알아주는 교사와 생활할 경우에는 매우 긍정적으로 표현되기도 하는데, 교사를 기쁘게 하고 싶은 마음이 커서 숙제도 열심히 해오고, 교실 내 규칙을 잘 지키기 위해 노력하기도 한다.

그러나 바람직하지 않은 성향을 지닌 또래나 나쁜 친구들을 사귀게 되면 그들의 말이 옳다고 생각하여 규칙을 어기거나 도덕적으로 문제가 되는 행동을 깊게 생각하지 않고 저지르기도 한다. 따라서 어린아이와 같은 순진함이 긍정적으로 발현될 수 있도록 교사가 관심을 가져주는 것이 매우 중요하다.

끈기가 없는 것처럼 보임

끈기는 인성적인 특징이지만, 사회적 관계에서 매우 중요한 요소이다. 끈기가 없다면 주어진 책임을 다하지 못하여 다른 사람에게 피해를 줄 수도 있고, 또래들과 놀이를 할 때도 쉽게 포기하고 빈번하게 지게 되어 게임의 즐거움을 느끼지 못하게 만들 수도 있기 때문이다. 나아가 성인이 되어서 직장생활이나 사회생활을 할 때에도 오랫동안 일하지 못하고 쉽게 직장을 그만두는 모습을 보일 수도 있다. 따라서 끈기는 사회적 관계에서 매우 중요한 요소이다.

경계선 지능을 가진 아이들은 주의력이 짧고 복합한 상황에 대해 견디는 힘이 매우 부족하다. 하던 일이나 놀이에 대해 쉽게 싫증을 내고 조금만 어려워 보여도 쉽게 포기하거나 하지 않겠다고 거절을 한다. 이러한 모습이 주변 사람들에게 끈기가 없다거나 포기를 쉽게 하는 모습으로 비춰줄 수 있다. 사실 과제에 대한 집중력과 상황에 대한 인내심, 끈기는 동기적 요소, 즉 하고 싶은 마음이나 자신감에 의해 크게 영향을 받는다.

따라서 경계선 지능을 가진 아이들이라도 정말 하고 싶은 마음과 조금만 노력하면 잘해낼 수 있다는 자신감이 있다면 부족한 끈기도 점점 좋아져서 인내심이 많은 사람으로 성장할 수 있다. 동기는 스스로 만들기도 하지만 주변의 격려와 지지에 의해서도 높아질 수 있다. 그러므로 경계선 지능을 가진 아이들이 끈기를 가질 수 있도록 끊임없이 지지하고 격려하는 것이 매우 중요하다.

사회성 지도가
꼭 필요한 이유

　사회성이란 또래관계의 문제, 상황 판단과 대처의 문제, 자신의 생각을 적절하게 표현하고 다른 사람들과 의견을 나누는 것, 다른 사람들과 어울려 친밀감을 형성하고 즐거움이나 도움을 주고받는 것 등을 포함한다.

　경계선 지능을 가지고 있는 아이들은 실제로 행동하는 면에서는 일반 아이들과 큰 차이가 없어 보이지만, 또래 사이에 끼지 못하고 눈치가 없어서 상황에 맞게 말하고 행동하는 데 어려움을 보인다. 또 소외되거나 자신의 생각을 말로 표현하기 어려워, 상황을 적당히 피하고자 하는 모습을 보임으로써 다른 사람들이 보기에 바람직하지 않은 행동을 하는 것으로 인식되어 사람들과 좋은 관계를 맺고 서로 도움을 주고받으면서 평범하게 생활하기 어려워하는 경우가 많다. 경계선 지능을 가진 아이들의 사회적 어려움은 또래로부터 배척당하거나 따돌림을 당하게 만들고 친구들 사이에 끼지 못하여 외로움을 느끼게 되며, 일상생활 속 즐거움을 공유하지 못한 채 눈치보고 회피적인 행동을 주로 하다가 생활에도 적응하지 못하게 된다.

사회성은 단순히 학생 시기에만 나타나는 것이 아니라, 어린 유아기부터 남과 다른 특성을 보여 자신을 돌봐주는 엄마나 교사에게 지나치게 매달리거나 의존하고 쉽게 겁을 먹고 도움을 청하는 경우가 많아서 키우기 어렵거나 함께 지내기 어려운 아이라는 인상을 준다. 따라서 다양한 사회적 기술과 자신감을 경험하고 학습하도록 도와줄 필요가 있다.

　　사회성 기술은 1~2년 안에 만들어지는 것이 아니어서 매우 어린 시기부터 성인기에 이르기까지 꾸준히 개발되고 연습되어야 한다. 유년기와 아동기를 거쳐 꾸준히 발달한 사회성은 성인이 되었을 때 한 사람의 사회인으로 다른 사람들과 어울려 행복하게 생활하도록 하는 밑바탕이 된다. 또한 한 사람의 직장인으로서 크고 작은 어려움에도 불구하고 자신의 책임을 다할 수 있도록 하는 정신력의 바탕이 되기도 한다. 따라서 다양한 방법으로 경계선 지능을 가진 아이들의 사회성을 지도하고 발달시켜야 할 것이다. 사회성을 발달시키기 위해서는 앞서 지적한 바와 같이 일상 속에서 교사나 실무자가 어떻게 지도해야 하는지와 어떤 사회성 훈련 프로그램을 만들어서 경계선 지능을 가진 아이들을 참여시킬 것인지, 이 두 가지 측면에서 생각해보아야 한다.

　　일상생활에서의 지도는 자기관리, 놀이 방법 익히기, 격려와 대화, 행동지도 방법의 측면에서 이루어져야 한다. 또 사회성 훈련 프로그램의 경우에는 자기표현 훈련, 사회성 기술 훈련, 다양한 체험활동이 포함되어야 한다.

일상생활에서
사회성 지도하기

 자기관리

　자기관리 기술은 기본적인 개인위생을 비롯하여 인사 바르게 하기, 숙제나 준비물 챙기기, 자기 책상과 방 정리하기, 사용한 물건 제자리 두기 등이 포함된다. 자기관리는 기본적으로 일상생활에서 몸으로 익혀서 알게 되는 삶의 태도이며 기본적인 행동자세이다. 자기 스스로 잘 관리하지 못하면 주변 사람들의 눈살을 찌푸리게 하거나 함께 생활하기를 거부당할 수 있다. 꼭 필요한 생활 속 자세이지만 한 번의 지도로 습관화되기 어려워서 어른들이 자주 반복해서 이야기해야 하는 번거로움과 잔소리에 대한 거부감으로 어른과 경계선 지능 아동 사이에 불편감이 발생할 수 있다. 자기관리 기술 지도는 되도록 집단으로 하는 것이 좋다. 간혹 일대일로 하더라도 오며 가며 선 채로 지도하기보다는 테이블에 마주 앉아서 낮고 공식적인 말투로 지도하는 것이 바람직하다.

자기관리 기술

- 깨끗한 외모를 만들 수 있도록 양치질, 세수, 옷차림에 신경 쓰기

- 바른 태도와 목소리, 밝은 얼굴로 다른 사람에게 인사하기

- 숙제나 준비물을 빠뜨리지 않도록 자주 신경 써서 챙기기

- 자기 방 정리와 책상 정리를 자주 하기

- 사용한 물건을 제자리에 두기

자기관리에 대한 지도를 할 때 주의할 것은 교사나 부모가 말로만 지도할 것이 아니라 모델링이 될 수 있도록 솔선수범하거나, 아이와 웃는 얼굴로 함께하여 방법을 익힐 수 있도록 해야 한다는 것이다. 만약 말로만 이래라저래라 한다면 여러 차례 이야기를 해도 전혀 나아지지 않고 교사나 부모의 감정이 상하는 결과를 초래할 수 있다. 비록 스스로 알아서 해야 하는 나이에 이르렀다고 해도 어린아이를 지도한다는 마음으로 함께 정리하고 씻겨주는 것도 좋다.

🌱 놀잇감과 놀이 방법 익히기

놀이는 또래들 간의 즐거움을 공유할 수 있는 매개체이다. 그러나 경계선 지능을 가진 아이들은 할 줄 아는 놀이가 거의 없어 친구들과 함께 있더라도 우두커니 있게 되는 경우가 종종 있다. 보통은 놀이 방법을 또래들과 어울리면서 자연스럽게 배우게 되지만 경계선 지능을 가진 아이들은 스스로 놀이 방법을 잘 익히지 못한다. 의도적으로 놀이 방법을 설명하고 반복적으로 연습하여 잘할 수 있도록 도와야 한다.

경계성 지능 아동을 위한 놀이 TIP

– 또래들이 자주 사용하는 놀잇감 준비하기

– 놀잇감 사용하는 방법 배울 수 있도록 안내하기

– 안내받은 놀이 방법에 능숙해질 수 있도록 반복적으로 연습시키기

놀이 방법은 반복하면 몸으로 익히게 된다. 지식으로 익힌 것은 쉽게 잊어버리지만 몸으로 익힌 것은 쉽게 잊지 않는다. 경계선 지능을 가진 아이들이 놀이 방법을 몸으로 반복해서 익힐 수 있도록 보드게임, 유희왕카드, 딱지와 같은 놀잇감을 자주 사용해보는 것이 좋다.

칭찬과 격려

경계선 지능을 가진 아이들은 매우 위축되고 자신감이 부족한 경우가 많다. 늘 또래보다 공부를 못하고 운동능력도 부족하고 미술이나 체육활동에서도 뒤처지는 경우가 많았던 이들의 자존감은 생각했던 것보다도 매우 낮다. 겉으로는 자신감이 있는 것처럼 말해도 속마음은 분명 또래보다 못하는 것이 많다고 생각하고 자신의 부족한 모습을 다른 사람들 앞에서 보여주는 것을 꺼린다.

그러나 경계선 지능을 가진 아이들은 어느 누구보다도 인정받고 칭찬받고 싶어하는 마음을 가지고 있다. 그래서 조금만 잘하는 것이 있어도 허세를 부리고 또래들 앞에서 어린아이처럼 보여주며 자랑하기도 한다. 이럴 때는 진심으로 칭찬해주고 격려해주는 것이 좋다. 다른 어떤 유형의 아이들보다도 칭찬과 격려에 의해 자신감이 높아지고 도전해보고자 하는 의

지가 높아지는 아이들이 바로 경계선 지능을 가진 아이들이다. 이들은 자신의 능력을 뽐내고 싶어 하지만 기회가 너무도 부족하다. 순진한 마음씨를 가진 이들에게 지금보다 더 많이 칭찬해주고 격려를 해주는 것이 필요하다.

잘못된 행동의 지도

행동 지도는 경계선 지능을 가진 아이가 규칙을 어기거나 또래들과 갈등이 생기거나, 자신이 해야 할 일을 하지 않으려고 할 때 필요하다. 여러 모로 행동이 민첩하지 못하고 상황에 적절하게 대처하는 능력이 떨어지는 이들에게는 다양한 영역에서의 행동 지도가 필요하다. 경계선 지능을 가진 아이들의 큰 장점인 순응적이고 착한 학생이 되고자 하는 깊은 바람을 이해하고 지도한다면 쉽게 고쳐야 할 필요가 있는 행동들이 수정될 수 있다. 다만 이들을 위해서 행동 지도를 할 때 다음의 몇 가지 주의할 점들을 고려하면 도움이 될 것이다.

- 여러 사람 앞에서 지도하지 말고 따로 불러서 지도하기
- 집단으로 지도하기보다는 1:1 직접 지도가 효과적
- 한 번에 한 가지 행동에 초점을 두어서 지도하기
- 짧은 문장으로 설명하기
- 다르게 행동을 한다면 어떤 행동을 할 수 있는지 말해보게 하기
- 대신할 수 있는 다른 행동을 제안해보기
- 답변이 느려도 격려하며 기다리기
- 다시 한번 말로 외워보도록 하면서 지도를 끝맺기

사회성 지도
프로그램

 사회성 평가

경계선 지능을 가진 아동들은 기본적으로 사회성이 부족하지만 구체적으로 어떤 부분이 부족한지는 개별 아동에 따라 다른 특징을 보일 수 있다. 따라서 사회성을 증진시키는 훈련을 하기에 앞서 아이가 사회성의 어떤 측면이 부족한지를 먼저 살펴보는 것이 필요하다. 아래의 자료는 논문(김미진)에 실린 McGinnis와 Goldstein(1990)의 사회적 행동 점검표이다. 사회생활 기본능력, 기관적응 능력, 친구관계 기술, 감정 다루기, 비공격적으로 대처하기, 스트레스 다루기의 6개 영역을 평가할 수 있다. 점검표를 살펴보면서 아이가 세부적으로 어떤 항목에서 부족함을 보이는지를 미리 점검하여 이를 도와주면 좋을 것이다.

문항	평가 1=거의 안 보임, 2=드물게 보임, 3=가끔 보임, 4=자주 보임, 5=항상 보임
1. 다른 사람들이 말하고 있을 때 그 내용을 이해하는 것처럼 보이는가?	1 2 3 4 5
2. 다른 사람에게 다정하게 말하는가?	1 2 3 4 5
3. 다른 아이와 갈등이 있을 때 대답하는 목소리가 자신이 있는가?	1 2 3 4 5
4. 도움을 주거나 부탁을 들어준 사람에게 감사하다고 말하거나 다른 방법으로 감사를 표시하는가?	1 2 3 4 5
5. 자신이 어떤 일을 잘했을 때 그것에 대하여 말을 하는가?	1 2 3 4 5
6. 요청이 필요할 때 적절한 방법으로 요청하는가?	1 2 3 4 5
7. 다른 사람에게 부탁을 적절한 방법으로 하는가?	1 2 3 4 5
8. 다른 아이들이나 상황을 무시할 필요가 있을 때 적절하게 무시하는가?	1 2 3 4 5
9. 이해하지 못하는 것이 있으면 질문을 하는가?	1 2 3 4 5
10. 지시를 이해하고 따르는가?	1 2 3 4 5
11. 무엇인가 어려운 것이 있을 때 포기하지 않고 계속해서 시도하는가?	1 2 3 4 5
12. 중간에 끼어드는 것이 필요할 때 적절한 방법으로 끼어드는가?	1 2 3 4 5
13. 아는 사람을 보면 아는 척하는가?	1 2 3 4 5
14. 다른 사람이 나타내 보이는 '말로 표현되지 않은 비언어적 표현'에 주의집중하고 그 내용을 이해하는가?	1 2 3 4 5
15. 진행 중인 활동이나 집단에 적절하게 끼어드는가?	1 2 3 4 5

질문					
16. 다른 아이들과 게임을 할 때 자신의 차례를 지키는가?	1	2	3	4	5
17. 친구들과 장난감이나 다른 물건들을 함께 나누며 같이 사용하는가?	1	2	3	4	5
18. 누군가 도움이 필요하거나 원하는 것이 있으면 알아차리고 도와주는가?	1	2	3	4	5
19. 다른 아이들에게 자기가 하는 놀이를 같이하자고 초대하는가?	1	2	3	4	5
20. 친구들과 게임을 할 때 정정당당하게 하는가?	1	2	3	4	5
21. 자신이 느끼는 감정을 알고 있는가?	1	2	3	4	5
22. 어떤 활동을 그만둘 때 자기 통제감을 잃거나 화를 내지 않는가?	1	2	3	4	5
23. 자신이 당황스러운 상황에 처했을 때 말로 표현할 수 있는가?	1	2	3	4	5
24. 두려워할 때 자신이 왜 두려워하는지 알고 두려움을 적절한 방법으로 다루는가?(말로 표현함)	1	2	3	4	5
25. 다른 사람이 하는 말을 듣고 그 사람의 기분을 알 수 있는가?	1	2	3	4	5
26. 자신이 누군가를 좋아한다는 것을 적절한 방법으로 보여주는가?	1	2	3	4	5
27. 다른 아이들이 괴롭힐 때 적절하게 대처하는가?	1	2	3	4	5
28. 자신의 분노를 적절하게 표현하는가?	1	2	3	4	5
29. 무엇이 공정하고 불공정한가를 정확하게 평가하는가?	1	2	3	4	5
30. 문제가 발생하면 친사회적인 해결방법을 언급하는가?	1	2	3	4	5
31. 자신의 행동에 대해 화를 내지 않고 결과를 수용하는가?	1	2	3	4	5
32. 긴장되거나 당황했을 때 스스로 긴장을 풀 수 있는가?	1	2	3	4	5

33. 자신의 실수를 화를 내지 않고 수용하는가?	1	2	3	4	5
34. 부정적인 행동에 직면했을 때 정직한가?	1	2	3	4	5
35. 작은 문제에 대해서 불평을 삼가는가?	1	2	3	4	5
36. 게임이나 활동에 졌을 때 화를 내지 않고 받아들이는가?	1	2	3	4	5
37. 게임이나 활동에서 자신이 첫 번째로 하지 않는 것을 받아들이는가?	1	2	3	4	5
38. 자신이 원치 않는 일이나 자신을 곤경에 빠지게 할 일에 대해 하기 싫다고 적절한 방법으로 말하는가?	1	2	3	4	5
39. 안 된다는 소리를 화내지 않고 받아들이는가?	1	2	3	4	5
40. 지루할 때 스스로 할 일을 찾아내는가?	1	2	3	4	5

경계선 지능을 가진 아이들을 위한 사회성 지도 방법으로 다음의 몇 가지 접근 방식을 제안하고자 한다. 사회성 기술 훈련, 자기표현(스피치 능력) 훈련, 다양한 경험(체험활동)의 3가지 방식이다. 이들 각각은 효과나 목표가 다르기 때문에 경계선 지능을 가진 아이들이 하나의 프로그램에 참여하는 것으로 사회성이 증진되기 어렵다. 따라서 가능하다면 경계선 지능을 가진 아이들이 이 세 가지 훈련을 모두 경험하는 것을 권한다.

사회성 기술 훈련(social skill training)

경계선 지능을 가진 아이들을 위한 사회성 기술 훈련에서 가장 중요한 영역은 '친구 사귀기'이다. '친구 사귀기'는 현재 학교에 다니고 있는 경계선 지능 아동들에게도 필요한 기술이지만, 이들이 이후 성인이 되어서 다른 사람들과 잘 지내기 위해서도 필수적인 영역이기 때문이다. 특히 경계선 지능을 가진 아이들은 또래들과 즐거운 시간을 보내고 싶어 하는 욕구가 매우 크다. 그러나 어떻게 하면 친구를 만들 수 있는지, 친구들과는 어떻게 시간을 보내면서 노는 것인지에 대한 방법을 잘 모른다.

사회성 기술의 부족은 이들이 친구들 사이에 끼지 못하고 겉돌게 만드는 원인이며, 심한 경우 못된 친구들로부터 괴롭힘이나 따돌림을 당하게 만드는 원인이 된다. '친구 사귀기'는 경계선 지능을 가진 아이들이 즐겁게 생활하고 나쁜 친구들의 괴롭힘을 예방할 수 있도록 하며, 나아가 자기 역할을 잘할 수 있는 성인으로 성장하도록 만들 것이다.

경계선 지능을 가진 아이들을 위한 사회성 기술은 '친구 사귀기' 프로그램이 중심이 되는 것이 좋다. 친구를 사귀기 위한 과정은 아래와 같이 3단계로 진행되면 좋다.

1단계: 친구에게 좋은 인상주기

- 친한 사람에게 웃는 얼굴로 말하기
- "고마워"라고 자주 말하기
- 친구가 말할 때 경청하기
- 친구와 대화할 때 욕하지 않고 예쁜 말 쓰기

2단계: 친구와 재미있게 놀기

- 여러 가지 놀이를 해보기
- 공정하고 재미있게 놀이하기
- 타협하기
- 협력하기
- 동정심 표현하기

3단계: 친구와의 갈등 대처하기

- 사소한 갈등을 해결하는 기술
- 싸움을 피하는 기술
- 놀림에 대처하는 기술
- 괴롭히는 친구에게 대처하는 기술

보통 경계선 지능을 가진 아이들을 위한 사회성 프로그램은 '자유놀이' 방식보다는 일정한 형식을 갖춘 구조화된 형식이 좋다. 매주마다 배워야 하는 사회성 기술은 달라지더라도 매 회기마다 진행하는 방식이 동일하도록 하는 것이 좋다. 예를 들어 1시간의 집단활동을 하는 동안 [주의집중→모델링→주제활동→자기점검]의 방식으로 진행하면 좋다.

주의집중 단계

본 활동을 하기에 앞서서 경계선 지능 아이들이 주의집중을 할 수 있는 활동을 미리 하여 다음 활동에 몰입할 수 있도록 도움을 준다. 간단한 미로 찾기, 손 게임 등이 있다.

모델링 단계

본 활동에서 배워야 할 주요 행동을 교사가 먼저 시범을 보여주고 다 같이 연습해보는 시간이다. 미리 주지하여 익힌 사회성 기술(친구에게 미소 짓기, 친구가 말하는 동안 친구 얼굴 쳐다보기 등)을 주제활동 시간에 사용해보도록 한다.

주제활동 단계

각 회기마다 주된 사회성 기술을 배우게 되는 주요 활동으로, 역할놀이나 보드

게임, 신체활동이 포함된다. 각 회기에서 가장 긴 시간을 차지한다.

자기점검 단계

각 회기를 끝내기에 앞서 오늘 배운 사회성 기술을 점검하고 다시 한번 반복해보
는 시간이다. 또한 오늘의 활동을 하며 느낀 감정이나 생각들을 정리해볼 수 있다.

자기표현(스피치 능력, 역할놀이) 훈련

자기표현 훈련은 자신의 감정을 솔직하게 표현함으로써 심리적인 안정
감을 가질 수 있도록 도와준다. 스스로 불안감을 극복하고 학교생활 전반
에 걸쳐 긍정적인 태도와 사고를 형성할 수 있도록 해준다. 경계선 지능을
가진 아이들이 자기표현 능력을 훈련하는 것은 다른 친구들이나 교사와 긍
정적으로 소통할 수 있는 기회를 증가시킨다.

자기표현 훈련의 방식은 다양하다. 언어나 발표 위주의 스피치 활동이
중심이 될 수도 있고, 역할놀이 방식으로 자신을 표현함으로써 실제생활에
가깝게 의사소통하는 경험을 해보도록 할 수도 있다.

스피치 능력 훈련

스피치활동은 다양한 말하기 상황에서 보다 적극적이고 씩씩하게 말할
수 있도록 돕는 과정이다. 자기소개하기, 주제에 대해 의견 말하기, 친구
와 다른 생각 말하기, 알고 있는 것을 친구들에게 알려주기 등과 같은 상황
에서의 말하기를 잘하도록 돕는 것이다. 또 큰 소리로 말하기, 작은 소리로

말하기, 정확한 발음으로 말하기, 천천히 말하기, 순서에 맞추어 말하기 등을 배움으로써 다른 사람 앞에서 말하는 것이 그렇게 어려운 일이 아니라는 것을 느끼게 하여 말하기의 자신감을 향상시키는 것이다. 경계선 지능을 가진 아이들은 일반적으로 발음의 문제가 있거나 말하기를 잘하지 못하여 머뭇거리는 모습을 자주 보인다. 이 때문에 친구들이 무엇인가 부족함이 많은 아이라고 생각하게 되는 것이다. 따라서 체계적으로 구성하여 정기적으로 스피치활동을 할 수 있도록 한다면 경계선 지능을 가진 아이들의 언어능력은 크게 향상될 것이다.

스피치활동은 다음과 같은 단계로 진행하면 좋다.

1단계: 발음과 고저 연습하기
– 틀리기 쉬운 발음을 반복적으로 연습하기
– 낮은 소리에서 큰 소리로 음량을 조절하면서 말하기

2단계: 순서대로 말하기
– 자기소개를 미리 적어놓고 외워서 말하기
– 옛날이야기를 순서에 맞춰 말하기
– 요리하는 순서를 설명하기

3단계: 주제에 대해 의견 말하기
– 선과 악에 대해 의견 말하기
– 바른 행동과 바르지 않은 행동에 대해 말하기
– 어떤 물건에 대해 소개하기(홈쇼핑)
– 역사적 사건에 대해 말하기

4단계: 자기 경험 말하기
– 주말을 어떻게 보냈는지 이야기해보기

- 가장 좋았던 일에 대해 말하기

- 가장 화가 났던 일에 대해 말하기

- 미래에 자기가 하고 싶은 일에 대해 말하기

역할놀이 방식의 자기표현 훈련

역할놀이는 사람들 사이에서 발생하는 다양한 상황을 자발적으로 연기해보고 다른 연기자의 모습을 관찰하면서 자신과 타인의 감정에 대해 보다 폭넓은 인식을 갖도록 하는 활동이다. 경계선 지능을 가진 아이들은 직접 현실감 있는 상황에 참여함으로써 상황에 대한 이해력을 발달시킬 수 있고, 상황에 적절한 의사소통 방법이나 언어표현 방법을 학습할 수 있다. 더불어 문제 상황에 대하여 더 잘 이해하고 적절한 대처방법에 대해 학습할 수 있는 기회를 갖는다. 또한 자기중심적인 사고에서 벗어나 타인의 입장을 이해할 수 있게 되어 자기주장만을 고집하지 않는 성숙한 모습을 갖출 수 있게 된다.

역할놀이 방식의 자기표현 훈련의 사례

두 명씩 짝을 지어 한 사람씩 역할을 맡은 후 다음의 상황에 어울리는 상황극을 해본다.

상황극 1: 문방구에서 찰흙을 샀는데, 수업시간 중에 보니 딱딱하게 굳어 있었다. 학교 끝나고 문방구에 들려 아저씨에게 말씀드렸더니 바꿔줄 수 없다고 한다.

- 아저씨:

- 학생:

상황극 2: 길에서 친구를 만났는데, 인사를 해도 대답이 없다. 대답이 없는 친구에게 어떻게 하면 좋을까?

　－ 친구:

　－ 학생:

역할놀이 중재 프로그램(인정실, 2006)의 사례

인정실(2006)의 프로그램은 다소 어린 아동을 위한 프로그램이 될 수 있으므로 참여아동의 연령을 고려하여 역할놀이의 주제와 준비물, 목표 문장을 정하면 된다. 프로그램의 운영은 사례에서처럼 [상황 이해하기→ 준비하기→ 활동하기→ 정리하기]의 순으로 해도 좋다.

놀이	단계	내용
소꿉놀이	상황 이해하기	그림 카드를 보면서 아동에게 가족과 가족 각자의 일을 설명하고 저녁식사를 준비하는 가족들의 모습을 설명한다. 식사 준비를 위해 필요한 물건과 음식의 종류도 이야기한다.
	준비하기	준비물을 배열하고, 준비한 목표 문장을 익힌다.
	활동하기	목표 문장을 이용하여 활동한다.
	정리하기	누가, 어디서, 무엇을, 어떻게 왜를 넣어 질문하여 정리한다.
시장놀이	상황 이해하기	시장에는 어떤 가게가 있는지 그 가게에서는 무엇을 파는지를 설명한다. 그림 카드를 보면서 물건 사는 것을 설명하고 어떻게 대화하는지를 설명한다.
	준비하기	준비물을 배열하고 목표 문장을 익힌다.

	활동하기	목표 문장을 이용하여 활동한다.
	정리하기	누가, 어디서, 무엇을, 어떻게 왜를 넣어 질문하여 정리한다.

다양한 실제 경험(체험활동)

다양한 체험활동은 경계선 지능을 가진 아이들에게 꼭 필요한 활동이다. 지하철을 타고 가서 영화보기, 요리경연대회 참여하기, 봉사활동 참여하기, 물건 팔아보기, 박물관 견학하기, 1박2일 여행가기 등의 체험활동은 실내에서 기를 수 없는 실용적인 지능을 발달시키는 데 큰 도움을 준다. 실용지능은 학습에 필요한 지능과는 다르게 자신이 직접 생활 속에서 길러나가는 실생활 속 문제해결력이다. 경계선 지능을 가진 아이들의 학습 관련 지능은 또래보다 떨어지는 것이 사실이지만, 이들은 생활 속 체험을 많이 함으로써 자신이 부족한 학습 관련 지능을 실생활 속 실용지능으로 보완할 수 있다. 또한 다양한 경험과 체험활동은 자신감과 역할 수행의 유능성을 길러준다. 또한 다른 친구들을 돕고 양보하는 협동능력도 길러준다.

지하철 타고 가서 영화보기 - 지하철 이용방법/예산 세우기(돈 계산)/일정표 짜기/사후활동방법 계획하기

요리경연대회 참여하기 - 집단 구성하기/정해진 예산 안에서 할 수 있는 요리 정하기/준비물 생각하기/장보기/역할 나누기/요리 이름 정하기/요리에 대하여 설명하기/사진 찍기

물건 팔아보기 – 물건을 팔 장소 정하기/집단 구성하기/판 물건 가지고 오기/가격표 붙이기/가게 이름 정하기/가게 홍보물 만들기/물건 팔기/수입 계산해서 발표하기/베스트 상인 시상하기

봉사활동하기 – 참여하게 될 봉사활동 이해하기/해야 할 역할에 대해 이해하기/봉사활동하기/봉사활동 소감문 적어보고 발표하기

박물관 견학하기 – 약속장소 정하기/박물관 가는 방법 익히기/조 짜기/조별로 대중교통을 이용해서 약속장소 도착하기/단계를 정하고 단계마다 미션 수행하기/도시락 먹기/베스트 탐험가를 선정하여 상장과 상품 받기

1박 2일 여행하기 – 여행장소에 대하여 공부하기/예산 짜기/대중교통표 예약하기/숙소 예약하기/장보기/게임하기/사진 찍기/사진 전시회하기

11

어른들의
역할

앞에서 경계선 지능 아동을 위해 무엇을 해야 할지 알아보았다. 교육 서비스의 사각지대에 놓여 있으면서도 그동안 방치되다시피했던 이들을 위해 미흡하나마 무엇을 도와야 하는지 생각해볼 수 있는 계기가 되었기를 바란다.

그러나 우리가 경계선 지능을 가진 아이들을 위해 해야 할 노력은 보다 큰 차원에서 이루어져야 한다. 사회 및 정책적 측면에서 지원이 필요하며, 교육 과정 내에서 소외되지 않고 배려받을 수 있는 연구와 관심이 더 많아져야 한다. 또한 이들이 특별한 존재가 아니라 '조금은 느리게 성장하지만 일반 아동과 마찬가지로 끊임없이 성장하고 있는 발전하는 존재'라는 것을 인식해야 한다. 사회와 정책의 도움, 교육 과정의 배려, 인식의 전환이 필요한 것이다.

이들은 특별하면서도 특별하지 않은 존재들이다. 특별한 배려와 관심이 필요하지만, 보통의 아이들과 거의 다름없이 성장할 수 있는 잠재능력을 가진 특별하지 않은 존재들이다. 이들이 충분히 성장하고 발전하도록 연구를 거듭해야 한다. 그간 경계선 지능을 가진 아이들은 가정과 사회, 학교에서 본의 아니게 소외되어 왔다. 이제 이들에게 무엇을 어떻게 해주어야 하는지에 대한 고민과 연구를 통해 잠재능력을 최대한 끌어올려 사회에서 자신의 역할을 충분히 수행할 수 있도록 도와야 할 것이다.

교육적 시스템의
마련

 ## 도움교실 운영

　경계선 지능을 가진 아이들은 교실에서 또래들의 수업을 잘 따라가지 못하는 경우가 많다. 그렇다고 이들을 지적장애 및 장애 아동들을 위한 교실에 보내도 역시 자신들의 수준에 맞는 교육적 도움을 받지는 못한다. 어디에서도 자신의 능력과 수준에 맞는 교육을 제공받지 못하는 것이다.

　학령기의 경계선 지능을 가진 아이들이 하루 일과 중 많은 시간을 학교에서 보냄에도 불구하고 교육 서비스의 사각지대에서 적절한 도움을 받지 못한 채 소외되어 보내는 경우가 많다. 따라서 이들을 위한 도움교실을 마련하는 것이 필요하다. 낙인감을 걱정하여 아이들을 따로 분류하는 것을 두려워하는 부모들도 있을 것이다. 그렇지만 낙인감에 대한 걱정보다는 아이들의 성장 기회를 놓치는 것에 대하여 안타깝게 생각해야 한다. 이들을 위한 도움교실은 꼭 필요하다. 경우에 따라서는 특별 학급의 성격보다는 특별 프로그램실 정도의 수준으로 도움교실을 운영하는 것도 좋을 것이다.

일반 중학교 및 고등학교 내에서 진로 프로그램 운영

모든 교육 과정이 그렇겠지만, 경계선 지능을 가진 아이들을 위한 교육은 특별히 더 성인기를 염두에 두고 교육을 진행해야 한다. 특히 청소년기에 들어서는 14세 전후의 경계선 지능을 가진 아이들을 위해 성인기 진로를 대비한 교육은 꼭 필요한 영역이 될 것이다. 또래 아이들이 청소년기에 접어들면서 하게 될 진로에 대한 고민을 아직 어린 마음을 가진 경계선 지능을 가진 아이들이 해내기에는 심리적으로나 환경적으로 어려움이 있기 때문이다. 이러한 고민은 초등학교보다는 중학교와 고등학교에서 더욱 진지하게 이루어져야 한다.

이들의 직업적 교육을 위한 장기플랜을 가진 프로그램을 운영할 것인지, 대학 진학을 위한 특별 지원 프로그램을 운영할 것인지 등에 대한 교육적 목표와 방향을 정하고 그에 맞는 지속적인 프로그램이 중학교 입학에서부터 고등학교 생활에 이르기까지 보다 체계적으로 고민되고 준비되어야 한다. 이러한 준비가 되어 있지 않은 현실에서 경계선 지능을 가진 학생들은 다른 어떤 특성의 학생들보다 학교 중도탈락을 많이 하게 된다. 이들의 학업중단은 이후 고용문제 및 사회적 비행의 문제로 연결될 수 있어서 심각한 사회적 문제가 될 수 있다.

이들도 성인기를 맞아 착실하게 준비한다면 훌륭한 사회인으로 성장할수 있다. 그러나 적절한 준비가 없다면 성인이 되기도 전에 탈학교 청소년이 될 가능성이 높고, 어떻게 해서 고등학교를 졸업한다고 하더라도 직업적 준비가 없는 상태에서는 스스로 자신의 앞날을 개척하기가 매우 어려울 수 있다. 교육의 역할은 이들이 낙오 없이 사회에 잘 적응할 수 있도록 돕는 것이다. 인구학적으로 14~15%라는 매우 높은 비율을 차지하는 경계선 지능을 가진 아이들이 낙오 없이 잘 자랄 수 있는 프로그램의 마련이 절실하다.

위탁형 중고등 대안학교의 마련

경계선 지능을 가진 아이들을 위한 교육적 노력은 다각적으로 이루어져야 한다. 경계선 지능을 가진 중학생을 위한 위탁형 대안학교가 2015년 5월부터 서울시 노원구에서 예술교육 중심으로 운영되기 시작하였다. 경계선 지능을 가진 아이들도 예술 분야뿐만 아니라 공예나 기술 분야, 혹은 상업서비스 분야에서도 재능을 개발할 수 있다. 따라서 이들을 위해 다양한 형태의 위탁형 대안학교를 운영하는 것도 좋을 것이다. 앞서 제안한 바처럼 일반학교 내에 진로 프로그램을 운영하는 것도 의미가 있지만, 특수목적의 중고등 대안학교를 운영하여 이들을 수용하는 것도 좋은 대안일 것이다.

특히 경계선 지능을 가진 아이들을 위한 실물 및 경험 중심의 일반교과 교육과 특별 진로수업이 진행되는 위탁형 중고등 대안학교가 마련된다면 더할 나위 없을 것이다.

경계선 지능 아동들은 금세 싫증을 내고 지루한 것을 견디기 힘들어한다. 이로 인해 쉽게 흥미를 상실하게 되고 배우고자 하는 동기가 급격히 떨어지는 모습을 자주 보이고는 한다. 이들에게 적합한 수업은 활동 중심의 수업이다. 직접 만져보고 느껴보는 체험 중심의 수업이 재미도 있을 뿐만 아니라, 주의집중도 길게 할 수 있어서 한번 배운 내용을 쉽게 잊지 않게 되어 활동 중심의 수업이 효과적이다.

비록 모든 수업이 경험 중심의 수업이 되기는 어렵겠지만 시각매체를 활용해서 직접 눈으로 확인해보고, 자신의 실생활과 연결해보는 수업은 경험 중심 수업의 한계를 보완할 수 있다. 또한 지역사회를 이용해보고, 각 상황에 대처하는 방법을 배우기 위해 다양한 체험 기회를 제공해야 한다. 이를 통해 자신감을 향상시키고 직접적인 실생활 기술 및 지식을 습득하도록 도와야 한다.

특별 프로그램의
개발

 언어활동 프로그램의 개발

경계선 지능을 가진 아이들을 위한 수업은 되도록 말하기와 쓰기가 많을수록 좋다. 어떤 내용을 말해도 격려하고 지지하는 긍정적인 분위기의 학급에서 마음 놓고 자신의 생각이나 경험담을 말해보는 경험을 자주 하는 것이 이들에게 꼭 필요하다. 왜냐하면 이들의 언어발달은 또래보다 느려서 자주자주 말하고 답하는 경험을 하지 않으면 나이가 들수록 또래와의 격차가 심해지기 때문이다. 무엇을 말하든 어떻게 말하든 격려받는 긍정적 학습 분위기 속에서 말하기를 자주 연습하도록 도와야 한다.

그런데 경계선 지능 아동들은 생각하는 것과 말하는 것을 동시에 하기 어려워하는 경우가 많다. 생각하면서 말하는 것이 어려운 경계선 지능 아동들은 대개 말을 하다가 얼버무리거나 말끝을 흐리면서 문장을 마무리 짓지 못하는 경우가 많다. 경계선 지능 아동에게 간단하게 말할 거리를 쓰고 나서 말해보도록 하면 더욱 말을 잘할 수 있다. 말하기 전에 써보거나, 일상적으로 쓰기를 많이 해보도록 하는 것도 도움이 된다.

 ## 개별화된 학습 지도

학습은 보통 직접 얼굴을 마주보고 가르침을 주고받는 '직접학습'과 교육적으로 의도된 환경 속에서 자신도 모르는 사이에 학습으로 이어지는 '간접학습', 또한 교육적 의도가 전혀 없었지만 오며 가며 우연히 접한 대상에 대한 관심과 호기심으로 인해 배움을 얻게 되는 '우연학습'이 있다. 그런데 간접학습이나 우연학습은 학생이 호기심이 많고 주변에 대한 관심이 많을 때 효과적이다. 궁금한 것이 많고 배우고자 하는 의욕이 넘치는 학생들에게 좋은 영향을 준다. 그러나 주의지속 시간이 짧고, 주변에 대하여 위축된 마음을 많이 가지고 있는 경계선 지능을 가진 아이들은 간접학습과 우연학습을 통해 학습의 성과를 크게 얻기 어렵다. 이들을 위해서는 직접적인 학습 지도가 제공되고 직접적인 격려와 지지가 이루어지는 직접적인 개별학습 지도가 효과적이다. 경계선 지능을 가진 아이들을 위해서는 교사나 부모가 옆에 앉아서 이해하기 어렵고 이들이 부족한 부분에 대한 보완 설명을 하면서 학습적 도움을 주는 것이 효과적이다. 이들에게 혼자서 공부하는 것은 매우 어려운 일이기 때문이다.

 ## 학급별 이벤트나 파티하기

경계선 지능을 가진 아동이든 일반 아동이든 모두가 격의 없이 어우러지는 이벤트나 파티를 자주 하는 것이 좋다. 아이들을 위한 사회성 프로그램은 그들만을 위한 프로그램도 필요하겠지만, 담임교사가 주체가 되어 매월 1번씩 생일 파티를 하거나 운동장 놀이를 한다거나 하여 모두가 즐거운 시간을 자주 보내게 되면 특별한 사회성 프로그램을 운영하지 않아도 학급의 아동들이 서로 격의 없이 지내는 데 도움이 될 수 있다. 모든 학급에는 경계선 지능을 가진 아이들이 포함되어 있고, 경계선 지능이 아니더라도 친구들과 잘 어울리지 못하는 아이들이 존재한다. 이들이 모두 어우러져서 잘 지낼 수 있도록 교사 주도의 프로그램 운영이 상설화되었으면 한다.

부모의
노력

 민감하면서도 여유 있는 부모가 되자

경계선 지능을 가진 자녀를 둔 부모들에게는 특별히 민감성과 마음의 여유가 요구된다. 학교나 지역사회에서 이들이 크고 작은 심리적 상처를 받을 것이기 때문에 부모가 이들의 마음을 보듬어서 용기를 주는 일이 매우 중요하다. 또한 경계선 지능 아동 자신이 타인에 대한 민감성과 정서적 태도를 보여주는 것이 많이 부족하기 때문에 가정에서 부모가 민감하고 정서적으로 대해 줌으로써 자녀들의 정서 및 사회성 발달이 촉진될 수 있다.

패닝과 베이커 등은 2007년에 217명의 참여자를 대상으로 하여 실시한 연구에서 경계선 지능을 가진 자녀를 둔 부모들이 일반 지능 자녀를 둔 부모들보다 자녀에게 따뜻한 표현을 하거나 민감하게 반응하는 태도가 부족하다는 결과를 얻었다. 연구자들은 부모의 따뜻함이나 민감성이 자녀의 사회성과 정서 발달 및 적응행동 발달에 매우 중요하다고 주장하면서 따뜻함과 민감성이 부족한 경우에 자녀가 더 공격적이고 부적응적인 행동이 발달될 수 있다고 주장하였다.

내 자녀가 경계선 지능이라는 평가를 받게 되면 당황스럽고 속상한 마음이 먼저 들어 아이가 좀 더 많은 노력을 하도록 다그치기 마련이고, 그러다 보면 아이가 힘들어하는 것을 알면서도 더 많은 것을 기대하고 요구하게 된다. 그럴 땐 부모가 한발 뒤로 물러서서 아이의 마음을 관찰하고 지금은 다소 부족하지만 앞으로 점점 더 나아질 수 있다는 믿음과 여유를 가지고 격려하고 용기를 주는 것이 필요하다.

내 아이의 특성을 잘 파악하기

경계선 지능을 가진 자녀를 둔 부모들은 비교적 늦게 아이의 특성을 파악하는 경우가 많다. 초등학교까지만 해도 사회성이 다소 부족하거나 늦되더라도 착한 아이라고만 내 아이를 평가하다가 초등학교 고학년이 되거나 중학교에 입학하여 친구들과 어울리지 못하고 학업을 따라가기 어려워할 때쯤에 아이를 이해하게 된다.

언제 아이를 이해하게 되는지는 중요하지 않다. 하지만 부모가 아이를 이해하는 순간에 이들이 질병을 갖고 있거나 장애아가 아닌가 하는 좌절을 하지 않아야 한다. 내 아이가 다른 또래 아이들과 다르다는 인식이 생기면, 단순히 특수 프로그램을 통해 문제를 해결하겠다고 생각하지 말고 그저 '한 명의 독특한 아이'로 객관적인 판단을 내리는 것이 필요하다. 아이에 대한 평가가 경계선 지능이라고 내려지면 다음과 같은 노력을 하기 바란다.

– 아이의 장점을 적어보자.

장점은 1) 학습적인 면 2) 성품적인 면 3) 대인관계 면 4) 일상생활 속에서의 행동 면에서 상세하게 적어보는 것이 필요하다.

– 아이의 약점을 적어보자.

약점은 앞서 살펴본 학습, 성품, 대인관계, 생활 속 자기관리 행동 면에서 자세하게 적어야 한다.

– 아이가 좋아하는 것을 적어보자.

좋아하는 것은 잘하고 못하고를 떠나서 아이가 좋아하는 활동이 될 수 있다.

– 아이가 학교에서 수업시간과 쉬는 시간에 어떤 모습으로 지내는지 적어보자.

학교에서 많은 시간을 보내는 아이가 실제 생활 속에서 무엇을 하는지 먼저 파악해야 한다.

– 아이를 학교에 보낸다면 학교생활을 통해 어떤 점이 성장할지를 적어보자.

현재의 학교생활이 아이에게 주는 좋은 영향을 파악해야 한다.

– 만일 아이를 지금의 학교에서 다른 곳(가정이나 대안학교 등)으로 옮긴다면 어떤 점에서 손해를 보게 되는지 적어보자. 현재의 학교생활을 포기하는 경우에 잃게 되는 것이 무엇인지를 생각하는 것은 현재 학교생활의 필요성을 깨닫게 한다.

– 학교에 있는 동안 아이에게 무엇을 준비해주면 유익하게 학교생활을 잘할 수 있는지 적어보자. 아이에게 작은 도움이나 준비물을 챙겨줌으로써 학교생활이 더 긍정적으로 바뀔 수 있다.

내 아이의 성공신화를 꿈꾸자

경계선 지능을 가진 자녀를 둔 부모들은 어려운 상황과 특성에도 불구하고 잘 성장한 사례를 찾아다니는 경우가 많다. 부족한 지능을 가진 자녀의 롤 모델이 될, 성공적으로 성장한 경계선 지능 아동을 찾는 것이다.

그러나 아이의 미래를 보여주는 성공신화는 따로 없다. 내 아이가 잘 성장해서 다른 아이를 위한 성공신화가 될 수 있다는 생각을 해야 한다. 다른 아이를 통해 성공신화를 찾는 것은 부모 자신의 불안을 반영하는 것이다. 혹시라도 아이가 낙오되거나 실패하지 않을지에 대해 걱정하는 것이다. 예를 들어 남자 아이라면 군대 문제를 제일 걱정하게 되어, 다른 경계선 지능을 가진 아이가 군대 문제를 어떻게 해결했는지 알기를 원할 수도 있다. 그러나 국가에서 아직 경계선 지능에 대한 인식이 없다면 경계선 지능을 가진 아이가 군대를 가야 한다고 국방부에서 결정을 내릴 수도 있다. 현재의 상황에서는 말이다. 그러나 그것은 아직 국가와 국방부가 이들에 대한 정보를 가지고 있지 않기 때문이다. 내 아이가 군대를 가야 하는 상황이 되어 그런 결정을 받게 될지도 모르겠지만 적극적으로 내 아이에 대한 정보를 국방부나 국가에 소명해야 한다. 자녀에 대한 정보를 적극적으로 제시함으로써 국방부가 올바른 판단을 내릴 수 있도록 돕는 역할을 해야 한다는 것이다.

경계선 지능을 가진 자녀들을 위해 모든 것이 준비된 사회에서 살고 있지 않다고 좌절하거나 두려워할 필요는 없다. 이들이 가진 내적인 힘과 저력을 믿고 자녀를 통해 성공신화를 만들 수 있도록 노력하는 것이 부모들이 해야 할 일이다.

특별교육보다 더 중요한 것은 일상생활 지도

경계선 지능 아이들은 일상생활에서 많은 것을 배울 능력을 갖고 있다. 가정일을 돕거나 공공시설을 이용하는 방법을 배울 수 있고, 자신의 방을 청소하는 방법을 배울 수 있으며 이웃을 위해 봉사하는 방법을 배울 수 있다. 또한 자신이 원하는 무엇인가를 위해 현재를 참을 줄도 알지만 다른 사람들을 위해 나의 불편한 점을 내색하지 않는 법도 배울 수 있다.

그러나 이 모든 것은 직접 생활 속에서 경험하고 배워야 하는 것들이다. 특수교육을 필요로 하는 자녀를 키우는 많은 부모들을 보면서 가장 안타까운 것은 이러한 일상생활 속 경험과 학습을 소홀히 한다는 것이다. 아이들이 부족한 점을 발달시키기 위해 특수교육센터에 정기적으로 다니는 것도 꼭 필요한 일이지만 아이들에게 가정일, 공공시설을 이용하는 방법, 자기 방을 청소하는 방법, 이웃을 위해 봉사하는 방법, 힘든 것을 참는 법, 내가 불편해도 내색하지 않는 것 등을 가르쳐야 한다. 이것은 다른 사람들과 더불어 일생을 살아가기 위해 꼭 필요한 기본 기술들이다. 우리가 쉽게 놓치고 있는 이러한 일상생활 기술들을 놓치지 않아야 한다.

2부. 경계선 지능을 가진 아이와 함께 걷기

사회적 관심과
적극적인 노력

2014년에 EBS 교육방송에서 경계선 지능을 가진 아이들을 위한 특집시리즈를 기획 방송한 적이 있었다. 물론 사회 속에서 경계선 지능을 가진 아이들을 발견하고 특별하게 지도해보고자 하는 노력은 2008년 이전부터도 있어 왔고, 서울시 교육청이나 서울시의 복지사업 속에서 특별 프로그램을 운영하려는 노력을 해왔다. 그 결과 서울시의 여러 지역청(2015년 서울시 동부교육지원청, 성북교육지원청 등)에서 특화사업의 일환으로 경계선 지능을 가진 아이들을 위한 개인지도 및 집단사회성 프로그램을 진행하고 있다. 또한 강원도 원주시 호저초등학교에서는 지역적 특색으로 인해 경계선 지능을 가진 아동을 효과적으로 지도하기 위한 노력을 2015년 1학기부터 진행하기도 하였다. 이러한 사회적 분위기와 노력은 일회성 프로그램의 운영으로 끝나는 것이 아니라 5~6년에 걸쳐 진행되어 왔기에 초기보다는 훨씬 심화되고 효율적인 방식으로 진행되고 있다. 예를 들어 지역에 따라 개별지도 중심으로 운영되기도 하고, 학년에 따라 집단활동 중심으로 운영되기도 한다. 또한 지역전문기관과 복지센터 그리고 학교가 3원 연계를 함으로써 지역사회 전체가 이들을 돌보기 위한 노력을 하고 있다. 한양여자대학교 아동복지학과에서는 지역과 연계하여 대학생들이 경계선 지능 수준의 유아들에게 조기 개입하는 '책 읽기 멘토링 활동(자원봉사)'을 실시하기도 했다. 이렇게 이제 경계선 지능을 가진 아이들의 존재에 대해 어렴풋이 눈을 뜨기 시작하였고, 이들에게 어떤 도움이 필요한지를 알아가는 중이다.

경계선 지능 아동을 위한 지역사회 및 공공기관 프로그램 운영 실태

	기간	사업	주관
1	2009~2012년	경계선 지능 유아를 위한 1:1 인지능력 향상 프로그램	– 서울북부교육지원청 유아교육 복지사업팀 – 사회적 기업 "연아혜윰"
2	2009~2010년	초등학생 경계선 지능 아동을 위한 1:1 그림책 읽기 사업	– 서울북부교육지원청 – 사회적 기업 "연아혜윰" – 한양여자대학교 아동복지학과
3	2010~2012년	경계선 지능 초등학생을 위한 사회성 향상 프로그램	– 서울북부교육지원청 교육복지 사업팀 – 사회적 기업 "연아혜윰"
4	2010~2011년	경계선 지능 중학생을 위한 독서치료 프로그램	– 서울북부교육지원청 교육복지 사업팀 – 사회적 기업 "연아혜윰"
5	2010~2015년	경계선 지능 아동을 위한 1:1 멘토링 사업	– 서울 장안사회복지관
6	2011~2015년	경계선 지능 초등학생을 위한 학습 멘토링 및 사회성 향상 프로그램	– 서울성북교육지원청 – 성북교육복지센터

7	2011~2015년	초등학생 경계선 지능 아동 대상을 위한 1:1 독서 멘토링 사업	– 성동광진교육지원청 – 한양여자대학교 아동복지학과 – 성동드림스타트센터 – 성동구상담복지센터
8	2013년~	경계선 지능 아동의 사회성 향상 및 놀이활동 프로그램 "크레센도"	– 서울시립대학교 종합사회복지관 – 서울동부교육청
9	2014년	EBS 심층취재 "느린 학습자를 아십니까"	– EBS 교육방송
10	2015년~	중학생 경계선 지능 학생을 위한 위탁형 대안학교(예술교육 중심) "예룸" 개교	– 서울시 노원구 예룸예술학교
11	2015년~	경계선 지능 아동 교육을 위한 교사 연구모임	– 강원도 원주시 호저초등학교
12	2017년~	천천히 배우는 학습자 지원 조례 지정	– 전라남도 교육청
13	2018년~	경계선 지능 아동을 위한 그룹홈 개소	– 안산 그룹홈 운영 전문기관인 (사)아이들세상함박웃음 – 안산시 아동보호전문기관

그러나 아직도 우리 사회에는 경계선 지능을 가진 이들이 판단력과 문제해결능력이 부족한 점을 이용하여 나쁜 짓을 하는 사람들도 많다. 실제로 종교단체 포교원이 경계선 지능을 가진 20대 초반 여대생에게 사기를 친 사건이 있었다. 몇 번의 만남을 통해 지적 판단력이 미흡하다는 것을 눈치 챈 피의자가 여대생에게 의도적으로 돈을 뜯어낸 것이다. 보통 사람들이 보기에는 대학생이나 된 성인이 어떻게 지능이 낮을까 하고 의아해하기도 하고, 겉보기에 멀쩡하니 도와줄 필요가 없다고 여기기도 한다. 아직 경

계선 지능을 가진 사람들에 대한 인식이 부족하기 때문일 것이다.

이들은 사기대출과 성폭력을 당해도 속앓이만 하고 법에서도 사각지대에 머물러 있다. 갓 성인이 되어 일자리를 소개해준다는 지인을 따라 회사에 들어갔다가 2천만 원의 대출 빚을 떠안게 되거나, 자신의 명의로 휴대폰을 개통해 지인에게 넘긴 뒤 기기값과 요금을 대신 내고 있어 상당한 채무가 생긴 경우도 있다. 피해를 구제받기 위해서는 의사결정과정에 어려움이 있다는 것을 증명해야 하는데, 경계선 지능을 가진 이들이 지적장애로 분류되지 않는 만큼 표면적으로는 문제가 없어 보여 쉽지 않다. 또한 경계선 지능을 가진 17세의 여학생이 어린 시절부터 학대를 당하다가 거리로 나와 결국 청소년 보호시설로 인계된 사연도 있다. 불과 5~6년 전만 해도 쉼터를 찾는 청소년 10명 중에 경계선 지능 학생이 1명 정도였다면, 지금은 절반 이상이 경계선 지능을 갖고 있는 청소년이라고 한다.

지능의 높고 낮음을 떠나서 이웃들의 어려움을 돕는 것이 인지상정이지만, 바쁘게 살아가는 현대생활 속에서 일일이 이들에게 관심을 갖기는 어려운 것도 사실이다.

그러므로 사회의 대중매체와 공공기관들은 관심과 돌봄의 사각지대에 있는 경계선 지능을 가진 아이들에 대해 널리 캠페인을 함으로써 우리가 관심을 갖고 이들을 돌봐주려는 마음가짐을 평소에 가질 수 있도록 안내할 필요가 있다. 정보가 없는 경우에는 알아도 도와주기 어렵다. 경계선 지능에 대한 안내를 지속적으로 함으로써 교육 현장에서, 지역사회에서, 가정에서 이들을 어떻게 돕는 것이 좋을지 알 수 있도록 정보를 주어야 한다. 마지막으로 이들이 우리의 이웃으로 자신감 넘치게 살 수 있는 환경을 만들기 위해 사회적 분위기를 만드는 것이 필요하다.

2부. 경계선 지능을 가진 아이와 함께 걷기

참고
문헌

01 경계선 지능이란 무엇일까?

- 곽금주, 박혜원, 김청택(2001), 『K-WISC-Ⅲ 지침서(원저: David Wechsler)』, 서울: 도서출판 특수교육
- 김영진(2003), 『학습상담연구』, 양서원
- 박찬주, 신기명, 안세근 공저(1998), 『학습장애 치료교육』, 학지사
- 정종식(2000), 『학습부진아의 진단과 치료』, 교육과학사
- 정희정(2006), 「경계선 지적 기능 아동의 특성 연구」, 숙명여자대학교 대학원 아동상담전공 박사학위 논문
- Reddy, G. L., Ramar, R., & Kusuma, A.(2010). Slow learners: Their psychology and instruction. Bhopal: Discovery Publishing House Pvt. Ltd.박현숙 편역(2013), 『경계선 지적 기능 아동 청소년을 위한 느린 학습자의 심리와 교육』, 서울: 학지사
- McMillan, D. L.(1989). Equality, excellence, and the EMR populations: 1970-1989. Psychology in Mental Redaration and Developmental Disabilities, 15(2), 3-10.
- Sousa, D. A. 저, 김유미 역(2008), 『장애아의 뇌는 어떻게 학습하는가』, 시그마프레스

03 경계선 지능은 어떻게 진단할까?

- Chintamani Kar.(1992). Exceptional Children: Their Psychology and Education. New Delhi: Sterling Publishers Private Ltd

04 경계선 지능 아동을 어떻게 도와주어야 할까?

- 정혜정(2012), 「고도와 중도비행청소년의 지능과 관리기능 결손」, 대구대학교 대학원 재활심리학박사 학위 논문
- 네이버 뉴스 기사(2013.2.18일자), 제목: 美 조지아 주 '지적장애인 사형 집행 예정' 논란: IQ 70 정신지체 경계선 애매한 판정
- EBS 뉴스(2012.10.24.), [심층취재 - 경계선 지능] 〈26편〉 역경 이겨낸 느린 학습자의 꿈, 이동현 기자

05 인지능력 향상시키기

- 김정권 편역(1991), 『자폐아와 정신지체아 개별화 교수 전략』, 대구대학교 출판부
- 초록세상(2006), 『나도 잘 그릴 수 있어요』, 초록세상
- Master skill series(2001). Thinking skill. McGraw Hill Children's publishing

06 꾸준한 학습 지도가 필요한 이유

- 강동훈(2013), 「쓰기 부진아를 위한 문단 쓰기 지도방안연구」, 한국 교원대학교 석사학위 논문
- 김현경(2007), 「읽기기술 집단상담 프로그램이 초등학교 고학년의 자기 주도적 학습 능력과 학업 성취도에 미치는 효과」, 한국교원대학교 석사학위 논문

- 임자연(2012), 「사회·정서학습 집단상담 프로그램이 초등학생의 인성지능과 학습효능감에 미치는 영향」, 한국교원대학교 석사학위 논문
- 소년한국일보(2015.7.9일자), 제목: '트리케라톱스 뿔의 비밀'이 내 얼굴에?
- 어린이 동아일보(2015.4.3일자), 제목: 백두산 폭발과 발해의 멸망
- 어린이 경제신문(2015.2.25일자), 제목: 인류 위협하는 인공지능

08 모든 발달 영역을 자극하는 독서활동
- 김미화(2012), 「학교부적응 청소년을 위한 독서치료 프로그램 사례 연구」, 서울신학대학교 상담대학원 석사학위 논문
- 김현희 외 공저(2004), 「독서치료」, 학지사
- 나은정(2014), 「신체운동지능을 활용한 독서교육이 지적장애 학생의 단어읽기능력에 미치는 영향」, 청주교육대학교 교육대학원 초등특수교육전공 석사학위 논문

09 정서적 유연성과 성취감을 주는 미술활동
- 조창주(2010), 「아동미술교육을 위한 미술치료 프로그램 적용 효과에 관한 연구」, 조선대학교 교육대학원 석사학위 논문
- 최희선(2006), 「주의력결핍 과잉행동장애 아동을 위한 미술치료 프로그램 개발연구」, 한국외국어대학교 대학원 석사학위 논문

10 사회성 지도, 어떻게 해야 할까?
- 김미진(2004), 「사회성 기술 훈련 프로그램이 경도 정신지체 아동의 사회성 기술에 미치는 효과」, 순천향대학교 교육대학원 석사학위 논문
- 김희경(2014), 「스토리텔링을 활용한 독서요법이 지적장애학생 사회성에 미치는 영향」, 우석대학교 교육대학원 특수교육전공 석사학위 논문
- 류연자(2012), 「리더십 훈련 프로그램이 초등학생의 자기표현능력 및 사회성 발달에 미치는 효과」, 전남대학교 교육대학원 교육학 상담심리전공 석사학위 논문
- 오남희(2008), 「역할놀이 중심 자기표현훈련 프로그램이 초등학생의 학교생활적응 및 사회성 발달에 미치는 영향」, 공주교육대학교 교육대학원 초등교육상담전공 석사학위 논문
- 최지인(2013), 「스피치 교육이 초등학생의 자아존중감 및 자기주도 학습능력에 미치는 영향」, 경인교육대학교 교육대학원 초등교육방법 전공 석사학위 논문

11 어른들의 역할
- Fenning, R. M., Baker, J. K., Baker, B. L., & Crnic, K. A.(2007). Parenting children with Borderline Intellectual Functioning: A unique risk population. Am J Ment Retard. 2007. March; 112(2):107-121.
- 대전 CBS 신문(2017.11.9일자), 제목: 장애인이 아니어서 사기대출에 성폭력 당해도 속앓이
- 대전 CBS 신문(2017.11.10일자), 제목: IQ 76 은주는 어쩌다 거리를 헤매게 됐나